ペナルティー早見表（ストロークプレー）

この早見表はあくまで一例。ケースごとの罰打・処置法は本文を参照のこと

「処置法」のマーク

●＝そのままプレー　■＝打ち直し　▲＝リプレース、プレース　▼＝ドロップ

基本ルール

状況	罰打		処置	参照ページ
打った球…った、ま[illegible]	[illegible]	■	前打位置から	
インプレ[illegible]動かした[illegible]	[illegible]	▲	元の位置に	
誤球して[illegible]	[illegible]	[illegible]	自分の球でプレーし直す	
誤所から[illegible]	[illegible]	[illegible]	重大な違反の場合打ち直し	
動いている[illegible]	[illegible]	●	そのままプレー続行	
スイング区域やライの改善をした	2	●	そのままプレー続行	
同伴競技者にア[illegible]				

状況	罰打		処置	参照ページ
初球が探していた場所より先で見つかった	1	●	暫定球の方でプレー続行	83
打った球が同伴競技者の球に当たった	0	●	同伴競技者の球はリプレース	84
球の後ろの草をクラブで押さえつけた	2	●	そのままプレー続行	86
素振りをしたら後ろの木の葉が落ちた	0	●	そのままプレー	87
木の枝を揺らして雨の水滴を落とした	2	●	そのままプレー続行	88
バックスイングで木の枝を折って球を打った	0	●	そのままプレー	89

…れを取り除し

バンカー

打つ前に球から離れた場所の足跡をならした	0	●	そのままプレー	174
OB後、打ち直す前に砂をならした	0	▼	元の位置に	175
斜面の砂を崩しながらスタンスを取った	2	●	そのままプレー続行	178
最初の足跡をならしてスタンスを取り直した	2	●	砂のテストとみなされる	179
バンカー内の球をアンプレヤブルにする	1	▼	バンカー内にドロップ	180
アンプレヤブルでバンカー外に出す	2	▼	２０１９年から変更	181
バンカー内の水たまりに球が入った	0	▼	バンカー内にドロップ	182
バンカー内が雨で満水状態だった	1	▼	バンカー外にドロップ	183
同伴競技者のバンカーショットで砂に埋もれた	0	▲	元のライに直せる	187

パッティンググリーン（旗竿・その

打った球が同伴競技者の足に当たった	0	■	プレーのやり直し	222
カラーとの境い目のボールマークを直した	0	●	マーク全体を修理できる	224
ホールの縁の球が10秒待った後に風で入った	1	●	そのままホールアウト	226
風で動いた球がホールに落ちた	0	●	そのままホールアウト	228
キャディーに傘を差してもらって打った	2	●	そのままプレー続行	230
ホールアウト後に誤球したことに気づいた	2	■	誤球した場所からやり直し	232
キャディーが足でラインを指示した	0	●	２０１９年から変更	234
2人同時にパットしてお互いの球が当たった	0	■	２０１９年から変更	236
パットした球が同伴競技者の球に当たった	2	●	球が止まった位置から次打	239

ペナルティー

暫定球を打ったが、初球が池の中で見つかった	1	▼/■	暫定球は無効	161
川に落ちた球がＯＢに流された	1	■	ＯＢとなる	162
枯れ枝を取り除いた時動いた球を救済ドロップ	2	●	２０１９年から処置変更	163
斜面でドロップした球を足で止めた	2	▼	ドロップのやり直し	164
同伴競技者の球を間違えて打った	2	■	自分の球でプレー続行	169
クラブを砂に叩きつけた	0	●	２０１９年から変更	170
転びそうになってクラブを砂につけた	0	●	そのままプレー	171
球の近くに落ちていた吸いがらを取り除いた	0	●	そのままプレー	172
球の近くに落ちていた小石[illegible]た	0	●	２０１９年から変更	173

也）

マークするときに球を動かした	0	▲	元の位置に	209
マークするときヘッドカバーを落として球が動いた	0	▲	２０１９年から変更	210
移動したマーカーを元に戻さずに打った	2	●	そのままプレー続行	212
同伴競技者のマークの要求を無視した	2	●	２罰打の可能性あり	213
旗竿に寄りかかった球を拾い上げた	0	●	２０１９年から変更	214
同伴競技者の打球後に旗竿を許可なく抜いた	2	●	２０１９年から要注意	216
他人のパットの最中に置かれた旗竿をどけた	0	●	そのままプレー	217
旗竿を押さえたままで片手でパットした	2	●	そのままプレー	219
旗竿に付き添う人の足に球が当たった	0	●	２０１９年から変更	220

ティーイングエリア

同…トバイスをした 求めた	2	●	そのままプレー続行	
ティーアップした球の後ろのライをならした	0	●	そのままプレー	36
ティー区域外にティーアップして打った	2	■	打数はノーカウント	37
間違ったティーから打った	2	■	正しいティーから打ち直し	39
暫定球の宣言をしないで打ち直した	1	●	初球は紛失球扱い	40
ワッグルで球が当たってティーペッグから落ちた	0	●	ティーアップをやり直し	41
打順を間違えて打った	0	●	そのままプレー	43
初球と暫定球が区別できない	1	●	1つを暫定球としてプレー	46
スタート後クラブの本数が15本あるのに気づいた	2	●	1ホール2罰打、最高4罰打	47

ジェネラルエリア（ラフ）

タオルを敷いてヒザをついて打った	2	●	球が止まった場所から続行	90
OB杭を引き抜いた	2	●	2019年から戻せば無罰	92
OB区域内から打ってしまった	3	■	前打位置から	93
球を探していたら自分の球を蹴飛ばした	0	▲	2019年から変更	94
球を探していたら同伴競技者の球を蹴飛ばした	0	▲	元の位置に	94
木に当たった球が自分の身体に当たった	0	●	2019年から変更	95
球がクラブに2回当たった	0	●	2019年から変更	98
ラフに浮いていた球がソールしたら沈んだ	1	▲	元の位置に	102
素振りをしたら球が動いた	1	▲	元の位置に	103

ラウンド中に練習器具を振った	2	●	2回以上行うと競技失格	50
ティーから池を越える距離を教えた（聞いた）	0	●	そのままプレー	53
ティーから池を越える番手を教えた（聞いた）	2	●	そのままプレー続行	53
プレー中にキャディーからアドバイスを受けた	0	●	そのままプレー	54
キャディーを飛球線後方に立たせたままアドレス	2	●	2019年から変更	58
スタート時間に5分以内の遅刻	2	●	5分以上遅刻は競技失格	59
球のそばのめくれたディボットをちぎって除いた	2	●	そのままプレー続行	63
共用のキャディーに球が当たった	0	●	2019年から変更	64
共用の乗用カートに球が当たった	0	●	2019年から変更	65

修理地など）

球のそばの枯れ枝を取り除いたら球が動いた	1	▲	元の位置に	104
ドロップする場所の落葉を取り除いた	0	▼	そのままドロップ	105
3回ドロップしてプレーした	2	▼	打つ前に訂正すれば無罰	106
球が木の枝に引っかかって落ちてこない	1	▼	アンプレヤブルの処置	110
ラフで紛失したか池に入ったかわからない	1	■	前打地点に戻って	114
フェアウェイの水たまりに球が入った	0	▼	“一時的な水”の救済処置	116
ベトベトのぬかるみに球が止まった	0	●	救済なし。そのままプレー	117
フェアウェイに打球がめり込んだ	0	▼	2019年からラフもOK	118
イノシシの穴の近くに球が止まった	0	▼	2019年から全動物穴に	123

ペナルティーエリア（黄杭エリア）

確認のため水中の球を拾い上げた	0	▲	2019年から自己判断	151
池際で素振りして地面に触れた	0	●	2019年から変更	152
救済ドロップの球が基点より前に転がった	1	▼	再ドロップ	153
ドロップして打った後、初球が見つかった	3	■	前打地点に戻る	154

エリア（赤杭エリア）

球が赤杭に囲まれた川に入った	1	▼/■	処置法は3通り	28
赤杭を引き抜いて球を打った	0	●	そのままプレー	156
水の中で動いている球を打った	0	●	そのままプレー	157
赤杭内の球を打って池に入れた	1	▼/■	処置法は4通り	158
赤杭の外にあふれ出た水の中に入った	0	▼	〝一時的な水〟の救済処置	160

パッティンググリーン（プレーの線）

ラインを読もうとしてグリーン面に手をついた	0	●	そのままプレー	197
「お先に」で自分のパットの線を踏んだ	0	●	そのままプレー	198
同伴競技者が打つライン上のスパイク跡を直した	0	●	2019年から変更	199
グリーンのライン上に水たまりがあった	0	▲	〝一時的な水〟の救済処置	202
ホールカップ内の水を取り除いた	2	●	そのままプレー続行	203
リプレース後に風で球が動いた	0	▲	2019年から変更	204
マーク後、拾い上げる前に風で球が動いた	0	●	球が止まった位置から	205
マークして拾い上げた球とは別の球を打った	1	●	そのままプレー続行	206
マーカーをパターで押さえたらソールにくっついた	0	▲	元の位置が不明なら推定	208

ペナルティー早見表（ストロークプレー）

●＝そのままプレー　■＝打ち直し
▲＝リプレース、プレース　▼＝ドロップ

	状況	罰打		処置	参照ページ
ジェネラルエリア（障害物）	打った球がキャディーが持ったレーキに当たった	0	●	2019年から変更	140
	ビニール袋の上に球が止まった	0	▼	リプレースではない	141
	排水路の中に球が入ってしまった	0	▼	ローカル規則を要確認	142
	リプレースの球が斜面で止まらないので押しつけた	2	●	そのままプレー続行	143
	再ドロップが足に。プレースして打った	2	●	2019年から処置が変更	144
	バンカーの土手で砂を払ってからドロップした	2	●	そのままプレー続行	146
ア）	球が黄杭に囲まれた池に入った	1	▼/■	処置法は2通り	148

	状況	罰打		処置	参照ページ
	バンカー外の球を打つ時にクラブが砂に触れた	0	●	そのままプレー	188
	バックスイングで枯れ葉に触れた	0	●	2019年から変更	189
	ライン上のボールマークをならした	0	●	そのままプレー	192
	エアレーションの穴を直した	2	●	2019年から変更	193
	ライン上の木の葉をタオルで払いのけた	0	●	そのままプレー	194
	ライン上の霜と露をタオルで拭き取った	2	●	そのままプレー続行	195
	ライン上に飛び散ったバンカーの砂を取り除いた	0	●	そのままプレー	196

ジェネラルエリア（フェアウェイ）			
カラスが球をくわえて持って行った	0	▲	球があった位置に	69
アドレス後に風で球が動いた	0	●	球が止まった場所から続行	70
アドレスでクラブが触れて球が揺れた	0	●	そのままプレー	71
アドレスでクラブが触れて球の位置が変わった	1	▲	元の位置に	71
落ちていた松かさを打った	0	●	そのままプレー	75
スマホで気象情報をチェックした	0	●	そのままプレー	76
グリップにタオルを巻きつけて打った	0	●	そのままプレー	78
傷ついた球を取り替える	0	▲	2019年から自己判断	80
ドロップ後に見つかった初球でプレーした	4	■	元のドロップした地点から	82

ジェネラルエリア（				
雷の音が聞こえたのでプレーを中断した	0		プレーの中断が認められる	125
残雪の中に球が潜って打てない	0	▼/●	2通りの処置あり	126
サブグリーンに立ってそのカラーの球を打った	2	●	2019年から変更	128
サブグリーンの上に止まった球を打った	2	●	そのままプレー続行	129
泥だらけの球を確認のためゴシゴシ拭いた	1	▲	元の位置に	130

ジェネラルエリア（障害物）				
ドロップ後にカート道路に足がかかったまま打った	2	●	そのままプレー続行	132
左打ちアドレスで救済を受けたあと右打ちした	0	●	そのままプレー	136
修理地からの救済のドロップをグリーン上にした	0	▼	グリーン外にドロップやり直し	138
打った球がレーキに当たった	0	●	球が止まった場所から続行	140

わかりやすい

ゴルフのルール

特装版

成美堂出版

まえがき

ゴルフ規則は4年に一度規則改正が行われています。2019年に新規則へと移行されたのでその4年後である2023年が規則改正の年となり、いくつかの規則が改正され、以前まではゴルフ規則書ではなくオフィシャルガイドの巻末に記載されていた障がいを持つゴルファーがゴルフゲームをプレーする際に必要な規則が新たに加わり、今までの24条からなるゴルフ規則が25条へと増えることになりました。新規則である障がいを持つプレーヤーのためのゴルフ規則の修正はすべての競技に適用されることになったため、障がいを持つプレーヤーが障がいを持たないプレーヤー、同じ障がいを持つプレーヤー、異なる障がいを持つプレーヤーとフェアにプレーすることができるように特定のゴルフ規則の修正が規定されました。現在パラリンピックにはゴルフ競技が採用されていませんがオリンピックやマスターズトーナメントなどのゴルフトーナメントで義足や義手の障がいを持つプレーヤーが活躍する日がくるのかもしれません。

飯田雅樹

The Rules of Golf 目次

わかりやすい ゴルフのルール

PART 2：ティーイングエリア

CONTENTS

PART 4：ペナルティーエリア

イエローペナルティーエリア

レッドペナルティーエリア

PART 5：バンカー

PART 6：パッティンググリーン

プレーの線

CONTENTS

PART 7：エチケット&マナー

本書の見方

本書は、世界統一のゴルフ規則に基づき、コースで出会う状況別にゴルフのルールを解説している。規則の文言・用語は、わかりやすく言い換えるなどの工夫をした。

なお、解説は一般的なストロークプレーを前提にしている。マッチプレーの処置は異なる場合があるので注意してほしい。

ルールに関する用語は258ページの用語集を

解説の文中の出てきたルール用語は、258ページからの「知っておくべきルール用語」で詳細を説明している。

罰打を調べたいときはとじ込みの早見表を

すぐに罰打の有無や数を知りたいときは、巻頭とじ込みの「ペナルティー早見表」を見るのが便利。

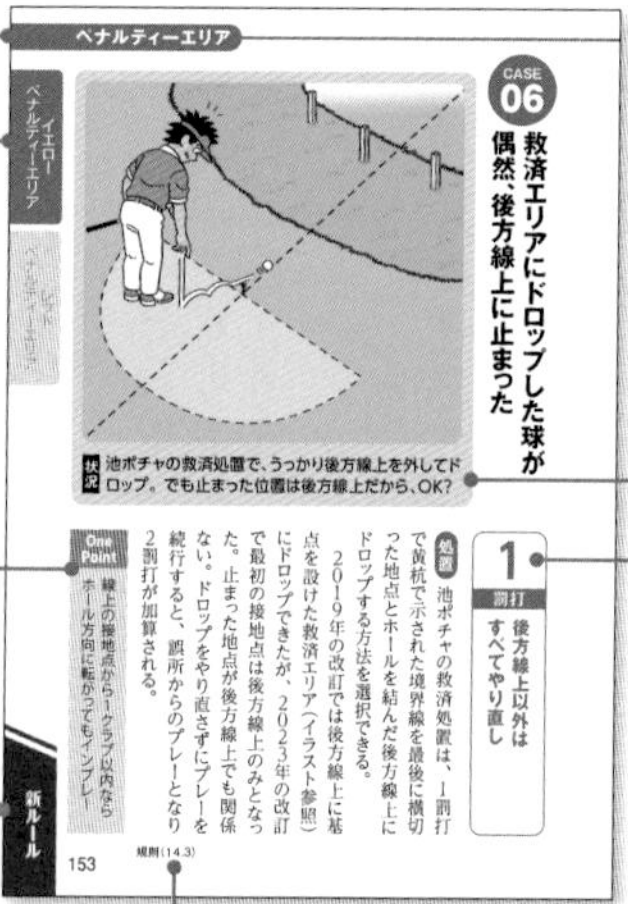

ルールや処置法を調べたいとき、そのトラブルが発生した場所から探せるように、場所別に整理。

イラストと合わせて読めば、どういう「状況」なのか理解しやすくなっている。コースで実際に起こりがちなケースを例として取り上げた。

ルールの考え方、似たようなケース、処置や対応、間違いやすいポイントなどを補足解説。ルールを正しく理解する一助に。

「罰打」はいわゆる「ペナルティー」。この「罰打」の数は、ストローク数とは別にカウントされる。ストローク+罰打の数をスコアカードに記入することになる。

2023年のルール改訂に則して内容が変わったページに「新ルール」インデックスを設置。

「ゴルフ規則」(公益財団法人日本ゴルフ協会発行)内の規則番号を示している。このケースに該当する公式な規則文を参照する場合に活用できる。

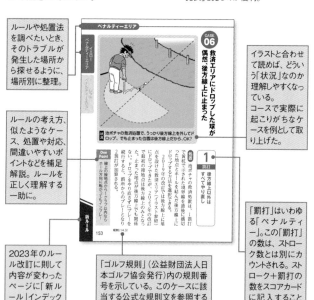

PART 1

ルールの仕組

「ゴルフ規則」の原則

ゴルフは、審判員なしでプレーされ、プレーヤー自身の判断で規則を守らねばならない稀有なスポーツだ。

「ゴルフ規則」は、プレーヤー全員に公平なプレー条件を与えるために作られているが、その根本には、どのプレーヤーも誠実にこれを守る姿勢を持つことという前提がある。

自分だけに有利になるよう、わざと違反したり、他人をだましたりするようなプレーヤーがいることは考慮していない。

ゴルファーは常に他のプレーヤーに心配りをし、コースを保護し、安全確認をしながら礼儀正しさとスポーツマンシップに則って行動すべきなのだ。

〝あるがまま〟が基本

球をティーイングエリアからクラブでストローク（空振りを含む）すると、球は〝インプレー〟になる。

インプレーの球をクラブで打ち続け、ホールに入れることで、球はインプレーの役目を終える。

もし、インプレーの球を〝あるがまま〟の状態で打ち続けることができたら、複雑な「規則」は必要なくなる。

そのため「ゴルフ規則」規則1で〝あるがままにプレーする〟ことを大原則とし、規則8と9で意図的に球の動きに影響を及ぼす、あるいは物理的条件を変えることを禁じているのだ。インプレーの球には触れない、コースの状況（自然物）を変えてはいけない、というのが〝あるがまま〟の精神だ。

多くの規則は〝救済〟のため

だが、プレー中には様々な問題が起こる。

- ●球の紛失、OB
- ●アンプレヤブル
- ●ペナルティーエリア
- ●障害物
- ●修理地、プレー禁止区域
- ●異常なコース状態
- ●目的外グリーン

こういった、インプレーの球を取り替えたり、動かしたりせざるを得ない状況や問題に〝対処する方法〟が明確でなければ、プレーを続行できない。

また、球探しやプレーの進行、用具などについて必要な、プレーヤー同士の〝共通認識〟も促さなくてはいけない。

そのために「規則」は複雑化してきたが、プレーヤーのミスを罰したいのではなく、あくまでそれぞれのプレーヤーを公平に〝救済〟するためだということを忘れないでほしい。

〝公正の理念〟とは

自然のフィールドでプレーするゴルフでは、それでも「規則」で対処しきれない事例が起こるケースがある。その際に必要となるのが〝公正の理念〟による裁定だ。

具体的には類似の規則や裁定の解釈に基づいて、他のプレーヤーとの利害関係を考慮しながら〝公平なプレー条件〟を満たすように決められる。

この考え方を進めていくうえでも、ゴルファーは自分の利益を優先しない〝善意の人〟でなければいけないのだ。

進化を続ける「ゴルフ規則」

「ゴルフ規則」はオリンピックイヤー、つまり4年ごとに明確な改訂をされるのが慣例となっている。ところが、2020年「東京五輪」の前年である2019年に、史上5度目の大改革といえる改訂が行われた。

新規則では、規則の数は34から24に減り、用語の定義から罰則のあり方まで、すべてが見直されている。もはや改訂というレベルではなく、まさに〝新しい規則への移行〟と呼べる内容だ。

〝救済〟の判断と処置がシンプルに

規則の数が増え、複雑化したのは〝あるがまま〟にプレーできない状況から救済するため。だが、その状況判断、処置はもっとシンプルにできるはず、とR&A(世界統一のゴルフ規則を定めている機関)は判断。そこで、次の変更が行われた。

●コースを5つのエリアに

コース内で、救済処置が明らかに異なる場所を、次の5つのエリアに分けた。

・ティーイングエリア
・ジェネラルエリア
・ペナルティーエリア
・バンカー
・パッティンググリーン

●ペナルティーエリアの対象拡大

池や川だけでなく、プレーや球の捜索が難しいブッシュや荒れ地も対象にすることで、スムーズな判断とプレーができるようになる。

●救済のドロップはヒザの高さから

落とす高さを低くすることで、救済エリアに留まりやすく、過剰な救済を受けない。再ドロップの可能性も減る。

●「救済エリア」の明確化

後方線上の1点などではなく、そのエリア内にドロップした球が留まったか、外れたかが明確になる。

利益のないミスは1罰打から無罰に

2度打ち、自打球に当たった、うっかり探している球を蹴ったなど、プレーヤー自身にとってほとんど利益を得られない、逆に損するような罰則が1罰打から無罰になった。痛い思いをした上に〝泣きっ面にハチ〟のような罰打の違和感がなくなり、余計な処置などで悩むこともなくなるはずだ。

速やかなプレーを支援

いわゆる〝遠球先打〟がプレーの原則だが、プレーの準備が整ったプレーヤーからプレーしても良いことに。また1ストロークに要する時間も40秒以内という目安ができた。あくまで推奨だが、心がけるようにしたい。

また、球の確認に同伴プレーヤーの立ち合いが不要になり、グリーン上では旗竿を立てたままプレーできるようになった。詳しくは後の章で取り上げるが、いずれもプレーファストを促す意図がある。

規則はこれからも変わり続ける

2023年の改訂では「障がいを持つプレーヤーのためのゴルフ規則の修正」が規則25として加わることに。ルールは用具や時代に合わせて進化し続けるだろう。

〝救済〟と〝罰打〟

コースで規則違反をすると、相応の〝罰打〟を加算される。また〝救済〟を受ける際も、対価としての〝罰打〟を加算することになる。

〝不可抗力〟は1罰打

1罰打の考え方は、意図的ではないミスだが、無罰で〝救済〟すると、他のプレーヤーと不公平になる場面で適用される。

たとえば、OB、紛失、池ポチャなど、プレーヤーが望んではいないが、インプレーの球をプレーできない状況にしてしまったことに対しての〝救済〟としては1罰打が妥当というわけだ。

「ゴルフ規則」には〝ストロークと距離の罰〟という言葉がよく出てくるが、1罰打の対処法には「最後にプレーした場所に戻って打ち直せる」というのが大抵含まれている。不可抗力のミスは、1罰打でなかったことにできる、ということだろう。

〝不注意〟は2罰打

2罰打になるものは、競技失格では厳しすぎるが、規則を知っていれば犯さないであろう違反に対して適用される。

たとえば誤球や誤所からのプレーは、球の確認やコース状況の確認を怠った、プレーヤー自身の不注意によるミス。バンカーでソールするのも「規則」を知っていれば行わないはずの行為なので、2罰打なのだ。

1罰打

意図的ではないミスで球を動かしてしまったり、OBや池などプレー続行が不可能な場所に打ち込むのは、不可抗力のミスなので、1罰打で球をインプレーに戻すことができる

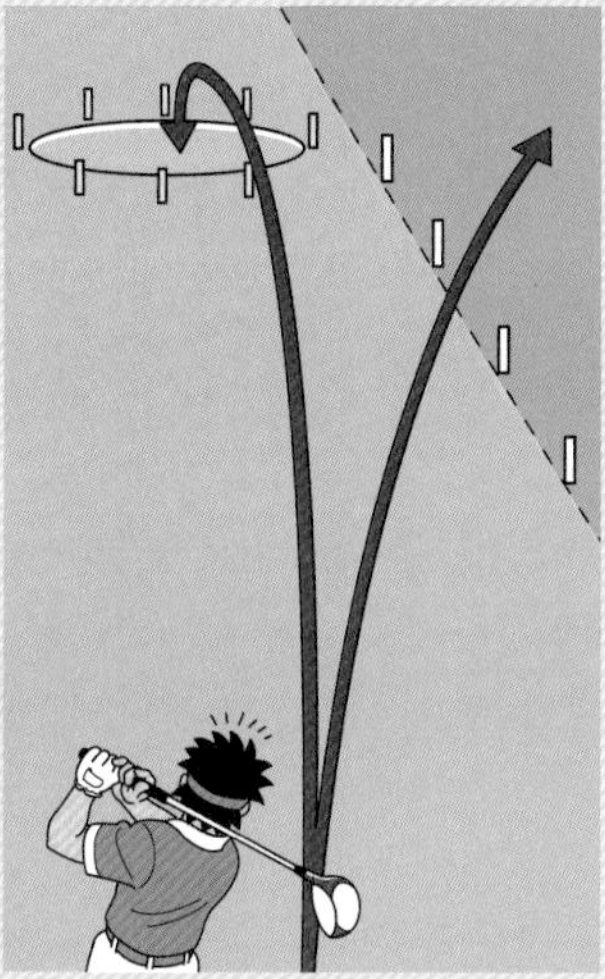

2罰打

ルール無知や不注意によるミスは、プレーヤー自身に重い責任があるので2罰打となる。たとえばスタンスを決める援助としてクラブを置くことも、2019年から2罰打。知らなかったでは済まされないのだ

〝境界線〟について

コースには様々な境界線があり、それぞれ杭や線引きで明示されている。

白杭は抜いてはいけない

ＯＢとコースとの境界線は、白杭で示される。他の杭と違って、スイングの邪魔になっても抜くことは許されない。これが移動すると、コースの枠組みが変わってしまう。〝あるがまま〟でなくなるのだ。

境界は、隣の杭を結んだコース側のライン。球の一部がかかっていれば、ＯＢではなくセーフ。これは垂直上方に延びるので、木の枝に止まった球もそれで判断する。

黄杭と赤杭、青杭は動かせる

イエローペナルティーエリアは黄杭、レッドペナルティーエリアは赤杭で示される。これらは、隣の杭を結んだジェネラルエリア側のラインが境界となり、球の一部がラインにかかっていると、ペナルティーエリア内にあることになる。また、杭ではなく、赤線などの線引きの場合もある。その場合は、球が線にかかっていたらペナルティーエリア内だ。

修理地を示す青杭は、周囲に立てられるよりも、中に立てて周囲を白線で囲むことが多い。その白線が境界で、こちらは上方ではなく、地面の下に延びる。白線に球がかかっていたら修理地内となる。

これらの杭は〝動かせる障害物〟として移動させることができる。

OB

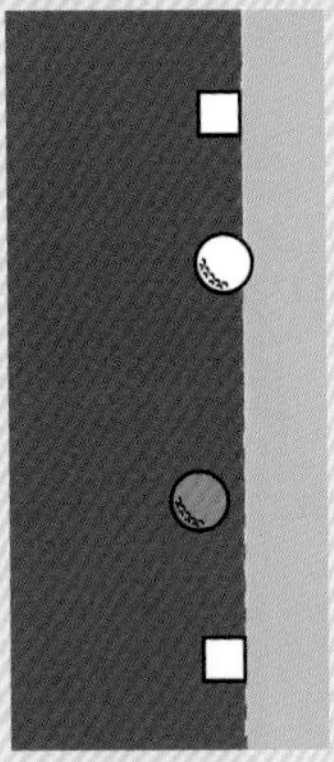

白杭のコース側を結んだ線が境界で、垂直に上下に及ぶ。球の一部でも境界にかかっていれば、OBではない

池、川

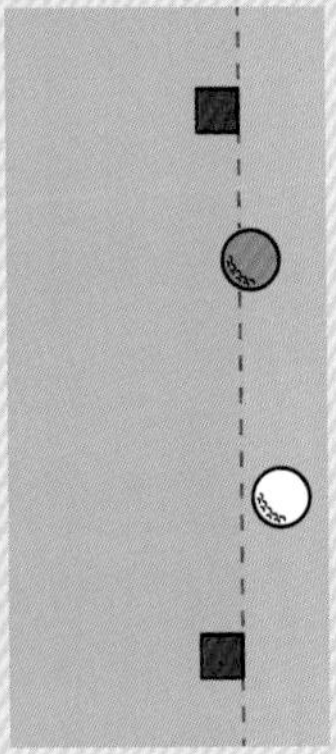

黄杭(池)、赤杭(川)のコース側を結んだ線が境界。球の一部でも境界にかかればペナルティーエリア内だ

修理地

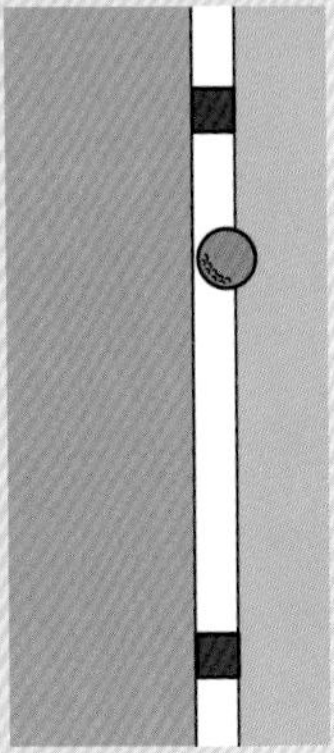

青杭のコース側を結んだ線または白線が境界で、垂直下方に及ぶ。球の一部でも境界にかかれば修理地内となる

グリーンとカラーの境い目にある球は、グリーン面に一部でも触れていれば“グリーン上”となり、マークして拾い上げることができる

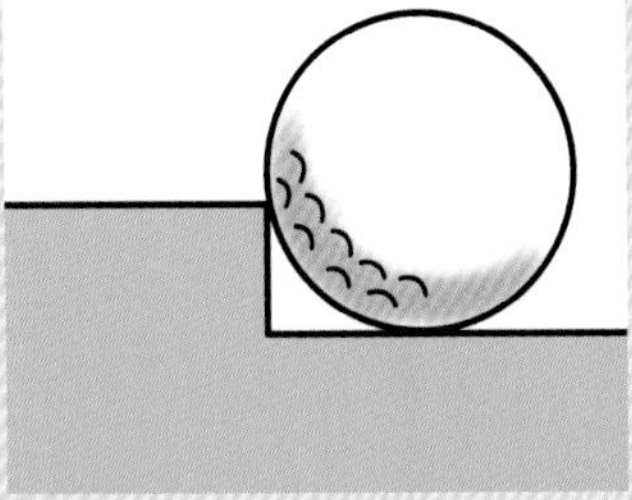

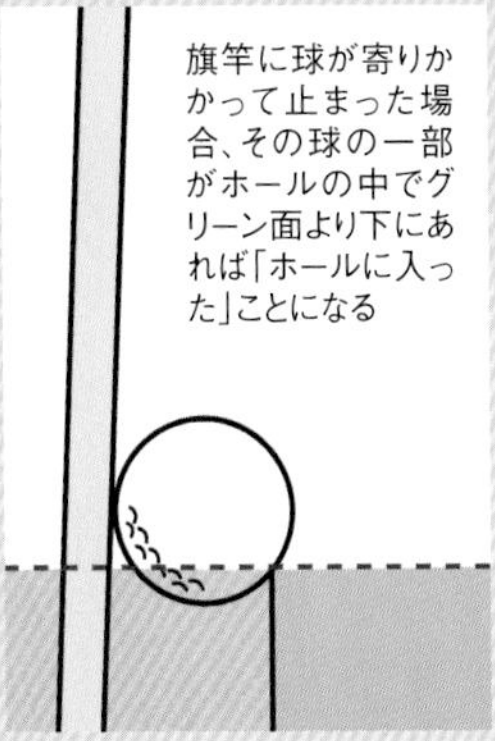

旗竿に球が寄りかかって止まった場合、その球の一部がホールの中でグリーン面より下にあれば「ホールに入った」ことになる

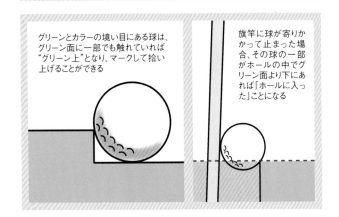

正しいドロップの方法

救済の処置方法として、ドロップのやり方は正しく覚えておく必要がある。

ヒザの高さから、投げずに落とす

ドロップのやり方は、球が着地前に体や用具に当たらないよう、ヒザの高さから真下に落とすだけ。以前は肩の高さからだったが、2019年の改訂で、よりシンプルになった。

注意すべき点は、前かがみになってヒザの位置を低くしてしまうこと。ヒザを曲げるのは構わないが、高さを変えないように気をつけてほしい。放り投げたり、ひねりを入れるのもNG。ただまっすぐ落とすだけだ。

着地後は、足に当たっても問題なし

2019年の改訂で大きく変わったのは、着地後の球が転がって、偶然足やクラブに当たっても、救済エリア内に止まればそのままプレー続行となったことだ。故意に蹴ったりしない限り、特別な利益を得ることがない、という判断からだろう。

ただし、ディボット跡など悪いライをわざと踏みつけて、落下した球がそこへ転がり込まないようにするのはダメ。2罰打となる。

ドロップは原則2回まで

最初のドロップで救済エリアに留まらなかった場合、再ドロップとなるが、これもエリアを外れた場合、再ドロップの落下地点にプレースとなる。3回目はない。

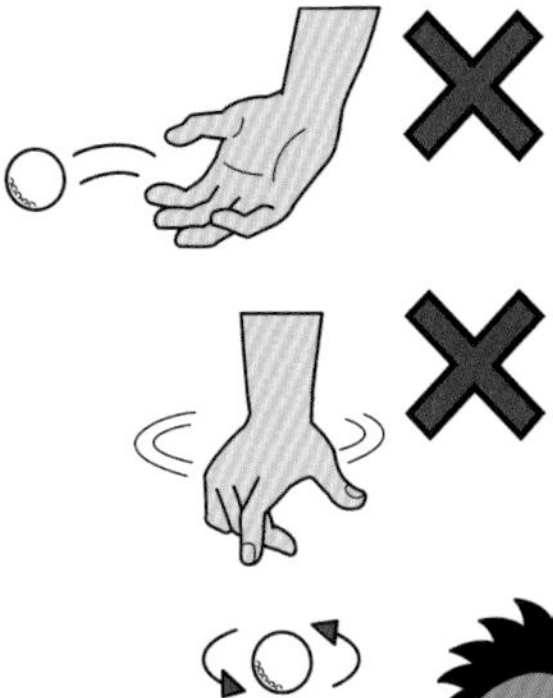

正しいドロップの仕方は、体に当たらないようにヒザの高さから、救済エリアに球を落とすだけ。放り投げたり、ひねったりしてはいけない

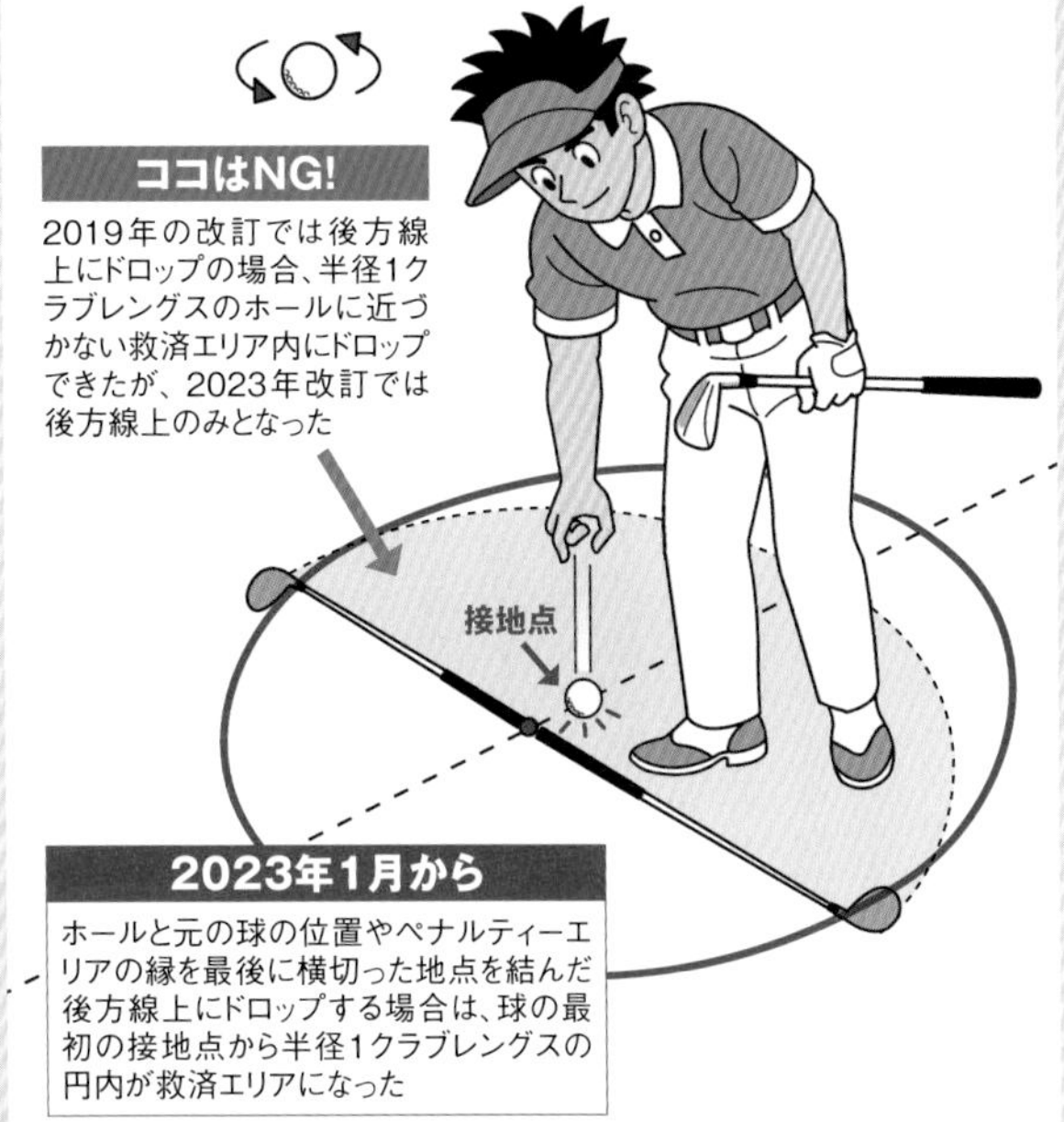

ココはNG!

2019年の改訂では後方線上にドロップの場合、半径1クラブレングスのホールに近づかない救済エリア内にドロップできたが、2023年改訂では後方線上のみとなった

2023年1月から

ホールと元の球の位置やペナルティーエリアの縁を最後に横切った地点を結んだ後方線上にドロップする場合は、球の最初の接地点から半径1クラブレングスの円内が救済エリアになった

〝完全な救済のニヤレストポイント〟

アンプレヤブルとペナルティーエリア以外、つまり罰なしの救済で球をドロップする場合は〝完全な救済のニヤレストポイント〟を決めなくてはいけない。

アンプレヤブルは球の位置が基点

アンプレヤブルの場合は、球の位置を基点に、ドロップ位置が決まる。例外的に、木の枝など、上方に止まった球をアンプレヤブルにする場合のみ、球の真下の地点を基点とすることになる。

ペナルティーエリアは境界線上が基点

イエロー、レッドともペナルティーエリアは、球が最後に横切った境界線上の地点が基点となる。

同様の判断は、一時的な水たまりの中や修理地内で球が紛失した場合にも適用される。この場合、球がそのエリアに入ったのが〝わかっているか、ほぼ確実〟である必要があるので、横切った位置が推定できるわけだ。

〝動かせない障害物〟は判断を慎重に

カート道路など〝動かせない障害物〟を避けて、ホールに近づかず、元の球の位置に最も近い所。それが〝完全な救済のニヤレストポイント〟だが、スタンスを含めて判断するのは慣れないと難しい。左ページの事例を参考にしてほしい。

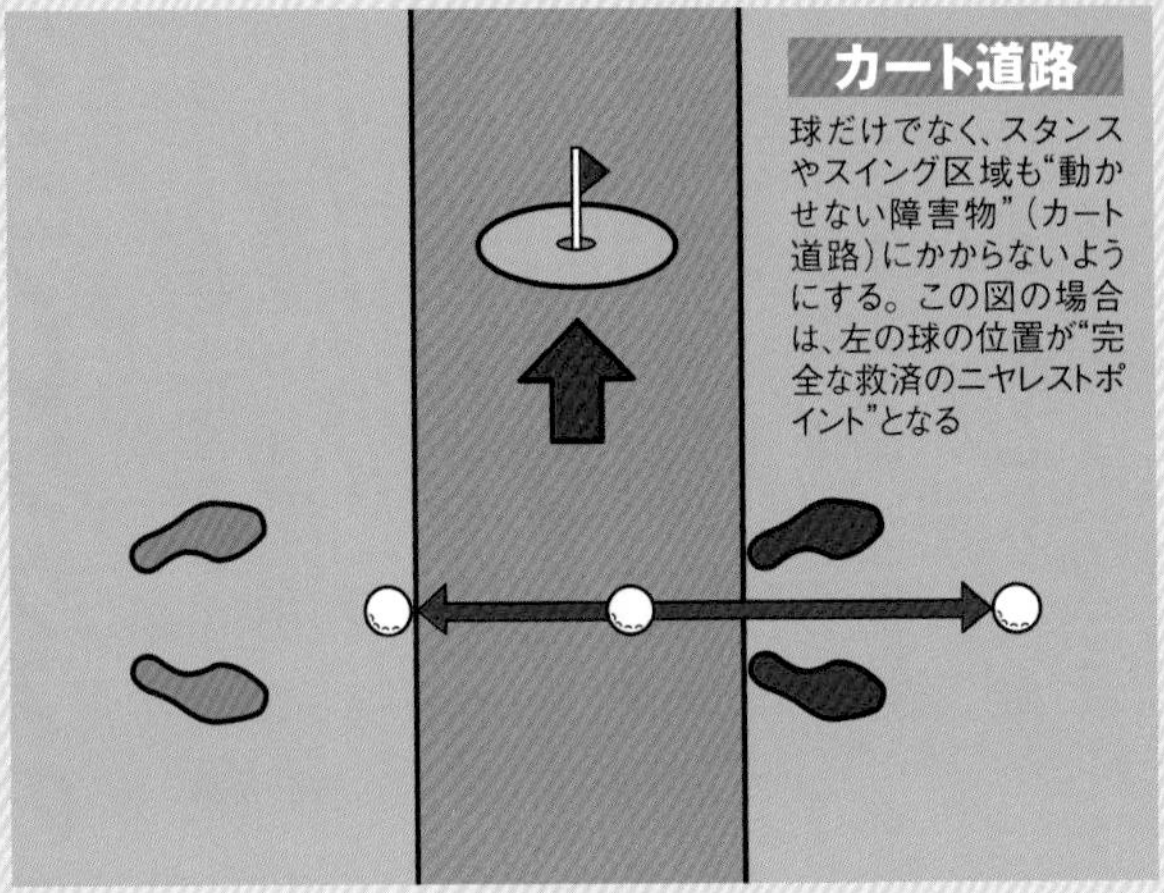

カート道路

球だけでなく、スタンスやスイング区域も"動かせない障害物"（カート道路）にかからないようにする。この図の場合は、左の球の位置が"完全な救済のニヤレストポイント"となる

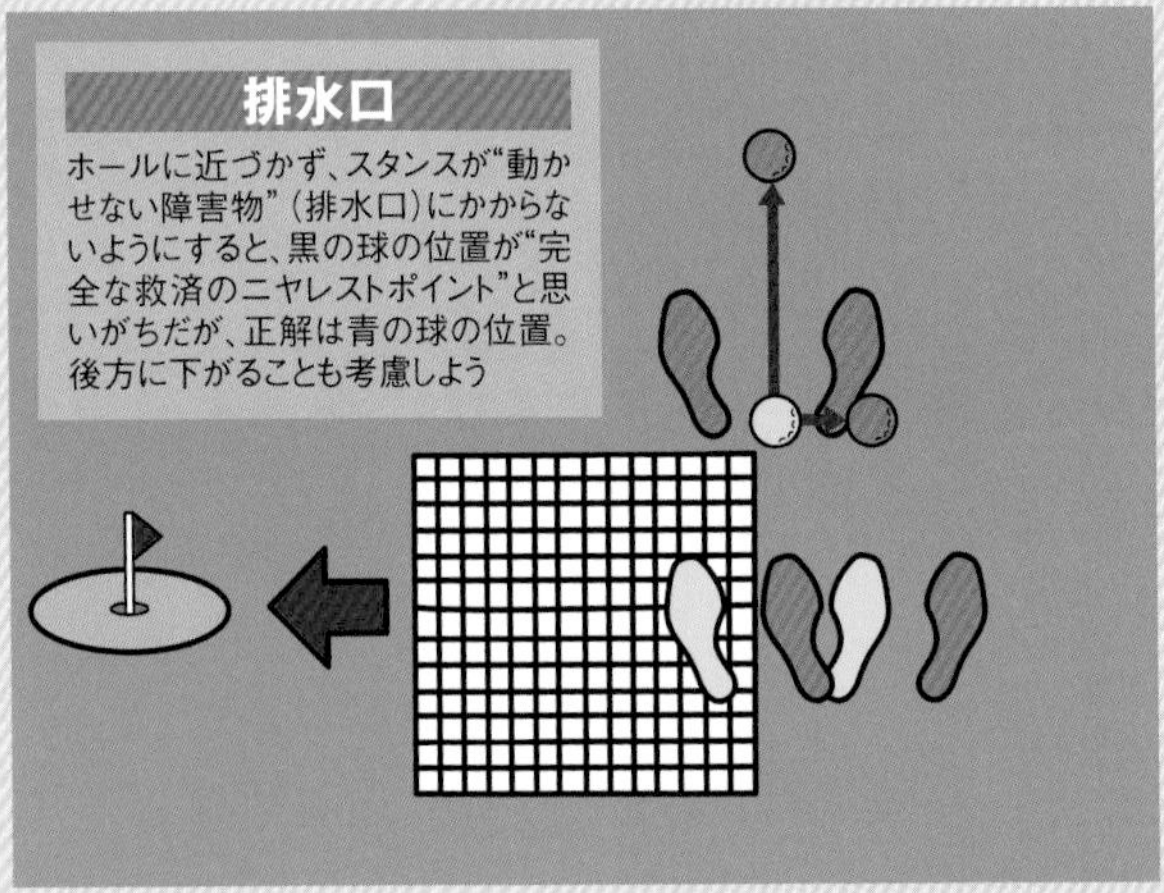

排水口

ホールに近づかず、スタンスが"動かせない障害物"（排水口）にかからないようにすると、黒の球の位置が"完全な救済のニヤレストポイント"と思いがちだが、正解は青の球の位置。後方に下がることも考慮しよう

クラブレングスの考え方

ドロップの処置で混乱しやすいのが、落下地点となる救済エリアを測る際の、クラブレングスの考え方だろう。

〝無罰〟は1クラブレングス以内

障害などで球の位置を動かさざるを得なくても、なるべく近い位置に止めたい、というのが規則の基本的な考え方。救済を受けず、そのまま打つことも選択できるような障害に対しては、無罰でドロップのエリアを1クラブレングスに制限している理由といえる。

〝1罰打〟は2クラブレングス以内

どうしても1罰打を払わないとプレーが続行できない、アンプレヤブルとペナルティーエリアは、さすがに1クラブレングス以内では救済しきれないかもしれない。2クラブレングスが妥当ということだ。

計測は〝最も長いクラブ〟を使う

〝完全な救済のニヤレストポイント〟を決めるには、想定されるクラブを使用してアドレスを取り、決定する。しかし、そこからドロップの救済エリアを測るクラブは、2019年からは1本に限定された。

それは、ラウンド中に持っているクラブの中で、パター以外で最も長いクラブ。大抵のプレーヤーはドライバーということになるだろう。ちなみに、パターが除外されたのは、長さの規制がないためだ。

無罰=1クラブレングス

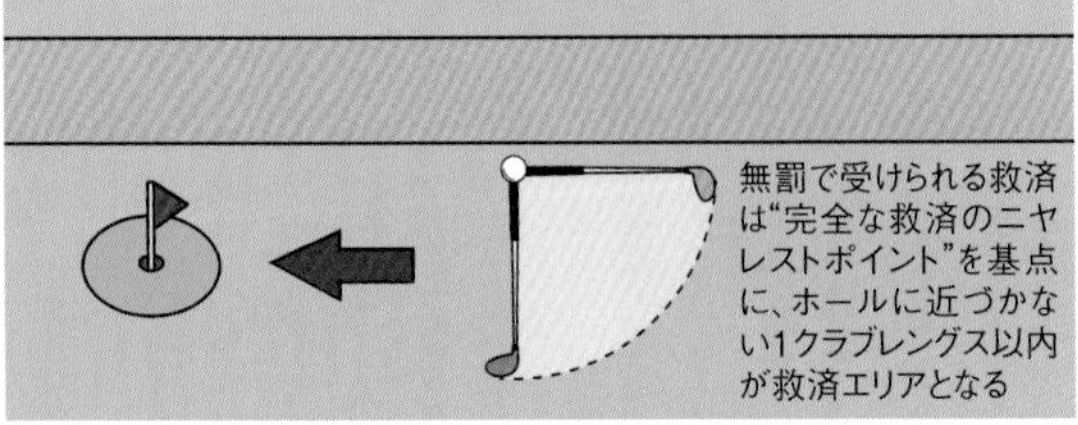

無罰で受けられる救済は“完全な救済のニヤレストポイント”を基点に、ホールに近づかない1クラブレングス以内が救済エリアとなる

1罰打=2クラブレングス

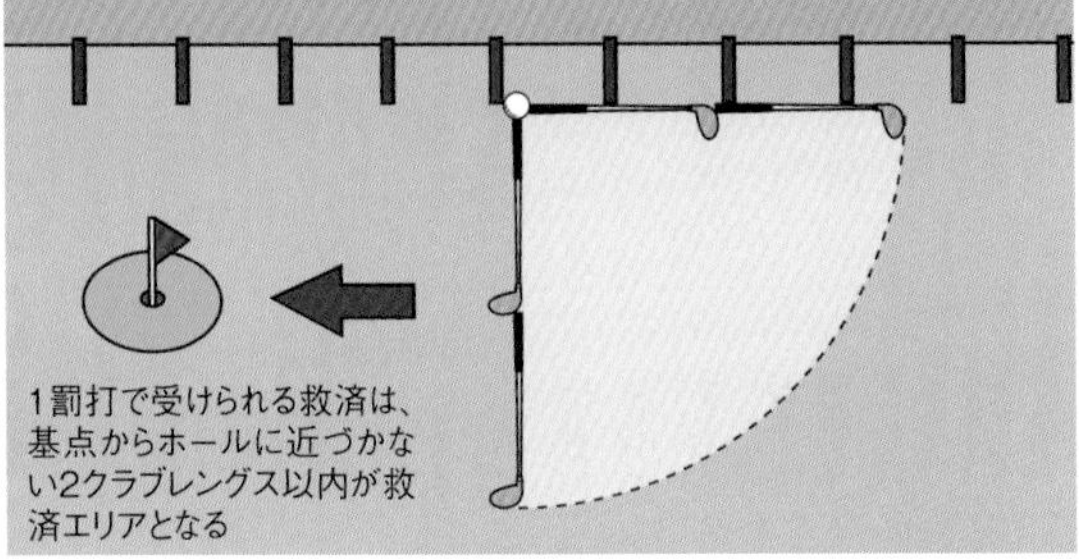

1罰打で受けられる救済は、基点からホールに近づかない2クラブレングス以内が救済エリアとなる

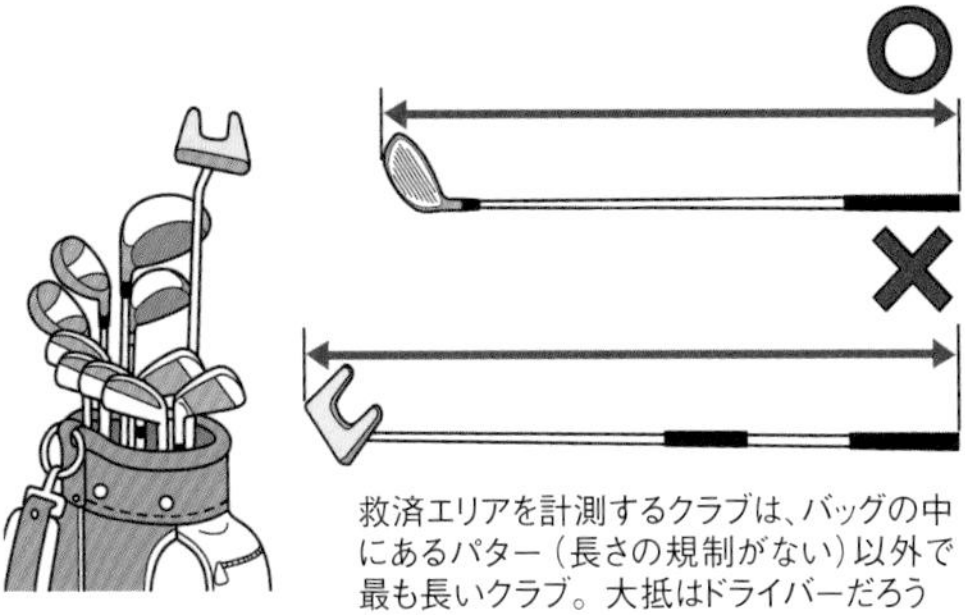

救済エリアを計測するクラブは、バッグの中にあるパター（長さの規制がない）以外で最も長いクラブ。大抵はドライバーだろう

ペナルティーエリアの救済処置

イエローペナルティーエリアとレッドペナルティーエリアの救済処置は混同されやすい。2クラブレングスの救済エリアを得られるのはレッドだけ、ということが浸透せず、イエローでもそのエリアにドロップするミスが絶えないようだ。

元は2つの救済処置だけ

イエローペナルティーエリアの救済処置は、1罰打を払って2つの処置しか取れない。1つは、そこに入る前の最後にプレーした所（前打地点）を基点とした救済エリアからプレー。ティーイングエリアならティーアップ、それ以外の場所ならドロップする。

もう1つは、球がエリアの限界（境界線）を最後に横切った地点とホールを結んだ後方線上にドロップ。後方なら、その距離に制限はない。

レッドは2つの処置では足りなかった

レッドの第3の救済処置、いわゆるラテラル（並行）救済は、川などで、後方線上がずっと川の中になってしまう場合を想定したもの。そのため、限界を最後に横切った地点から、2クラブレングス以内の救済エリアが使えるようになったのだ。

旧規則では、そことホールから等距離にある対岸にも救済エリアを設定することができたが、2019年の改訂で廃止。ただし、ローカルルールでの運用は認められている。

イエロー ペナルティーエリア

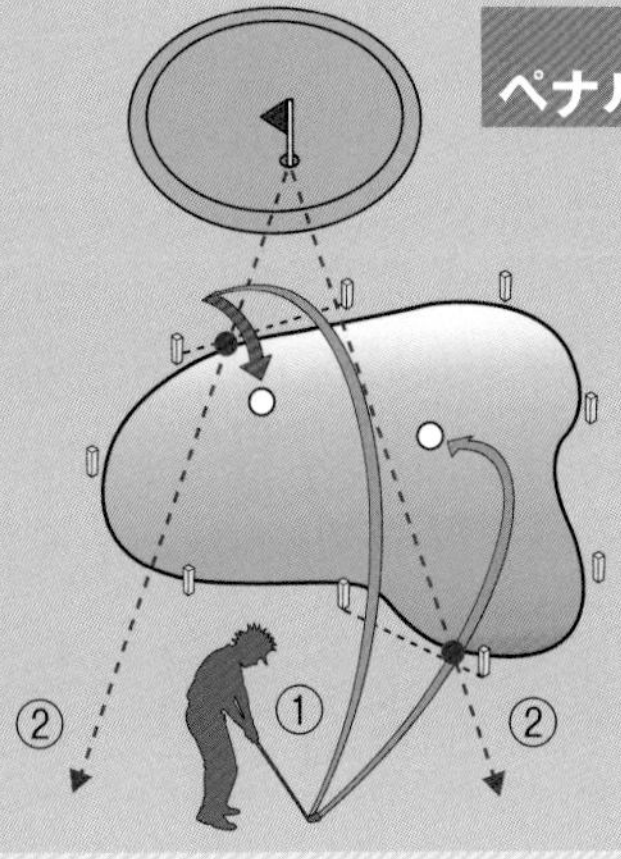

1罰打で処置は2通り。
①前打地点の救済エリアからプレー
②球がエリアの限界（境界線）を最後に横切った地点とホールを結んだ後方線上にドロップ

レッド ペナルティーエリア

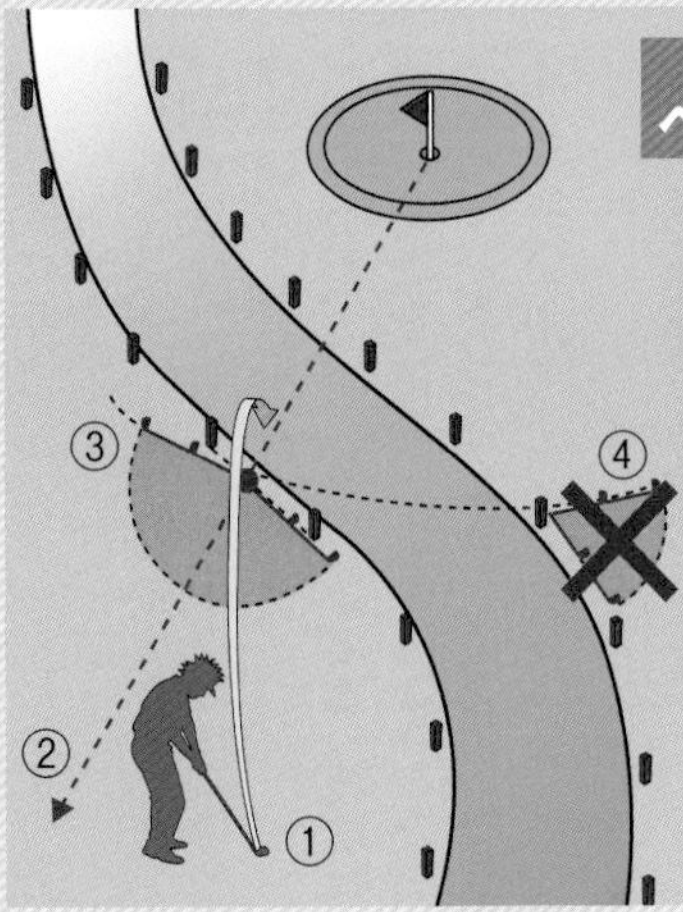

1罰打で処置は3通り。
①前打地点の救済エリアからプレー
②球がエリアの限界（境界線）を最後に横切った地点とホールを結んだ後方線上にドロップ
③球がエリアの限界（境界線）を最後に横切った地点から、ホールに近づかない2クラブレングス以内の救済エリアにドロップ

※旧規則にあった対岸の処置（④）は2019年の改訂で廃止された

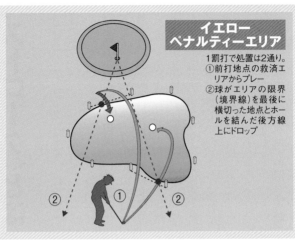

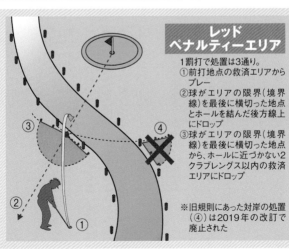

〝ストローク〟とは

規則上の〝ストローク〟は単純に〝打つこと〟とは訳せない。

〝球を動かす意思〟が必要

「ゴルフ規則」の〝ストローク〟の定義に〝球を打つために行われる〟という部分がある。このため、ワッグルや素振りで偶然球を動かしても〝ストローク〟にはならない。インプレー前のティーアップされた球なら無罰で戻せるし、インプレーの球なら1罰打でリプレースとなる。

バックスイングは関係ない

定義は〝プレーヤーのクラブの前方への動き〟と続く。つまり、バックスイングは〝ストローク〟ではない。〝ストロークのためにクラブを後方へ動かす〟行為だ。

そのため、バックスイングで木の枝を折ったり、スイング区域の改善とみなされる状況で止めてしまうと〝ストロークの途中〟ではなくなり、ペナルティーとなるのだ。

ダウンの途中でも止められる

さらに定義には〝ダウンスイングの間に球を打たないことに決めて、クラブヘッドが球に届く前に、そのクラブヘッドを意図的に止めること、または止めることができない場合に意図的に空振りすることによって打つことを避けた場合は、ストロークを行ったことにならない〟とある。つまり中断も可能なのだ。

バックスイングは“ストロークのためにクラブを後方へ動かす”行為なので、ダウンスイング以降につながらないと“ストローク”にはならない。“球を打って動かす意思を持って行われた、クラブの前方への動き”とは、ダウンスイング以降になる

途中でスイングを止めようとして腕を曲げ、球にヘッドを届かせなかったら、たとえクラブを振り抜いても“ストローク”(空振り)とはならない。ただし、同伴プレーヤーから疑義が出た場合は、プレーヤーに不利に解釈しなければいけない

大ダフリでヘッドが詰まり、球が動かなかったとしても、球を打つ意思があった場合は“ストローク”となる

用具の決まりごと

クラブや球など、用具でも違反にならないよう、気をつけるべきことはある。詳しくは「ゴルフ規則」規則4と「用具規則」を参照してほしい。

重すぎる練習用クラブは危険

トレーニング用練習器具として販売されている超重量クラブをキャディーバッグに入れたままラウンドすると、練習器具ではなく〝クラブ〟とみなされる可能性が高い。

その場合、14本以内に収まっていればセーフとなりそうな気もするが、実は規則上〝不適合クラブ〟となる可能性が高い。

重量が重いだけなら問題ないが、その重量のためにヘッドの反発係数が制限値を超えてしまうのだ。

ティーペッグにも長さの制限がある

クラブの長さは18インチ以上48インチ以下と規制されているのはよく知られているが、ティーペッグは4インチ以下でなければならないことを知る人は少ない。

ハイティーを自分で作る人もいるようだが、注意してほしい。

クラブの調整機能はラウンド前に

最近はレンチでネジを外し、シャフト交換やスペック調整が可能になってきているが、ラウンド中はもちろん、ハーフの休憩中でも変更してはいけない。

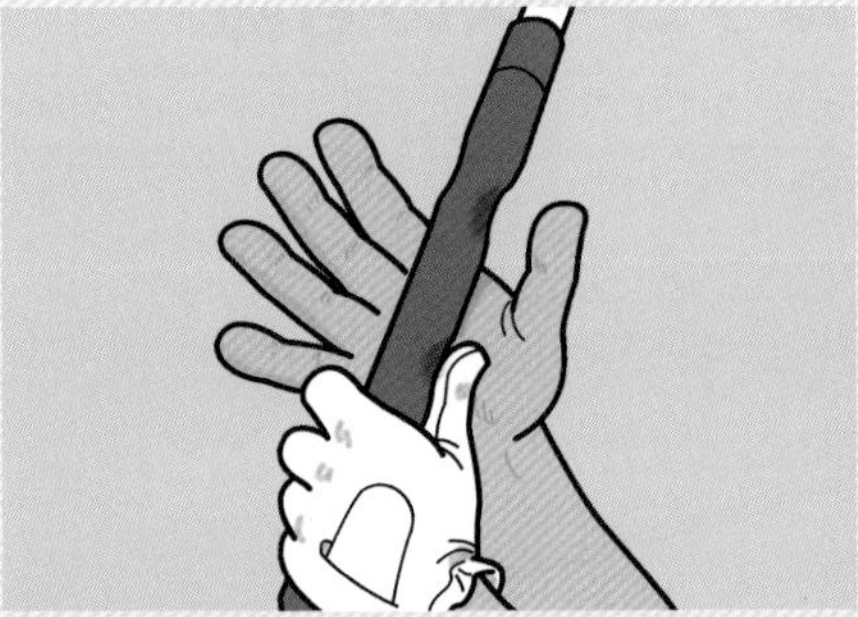

クラブのグリップ部分に意図的に指の型などをつけるのは違反だが、通常の使用ですり減ったりしても不適合とはならない。フェースの溝やソールの摩滅も同様

球の装飾には規定はなく、線や矢印を描き入れても違反とはならない。また、ラウンドの途中でマークなどを描き足しても問題ない。誤球を避けるためにも活用してほしい

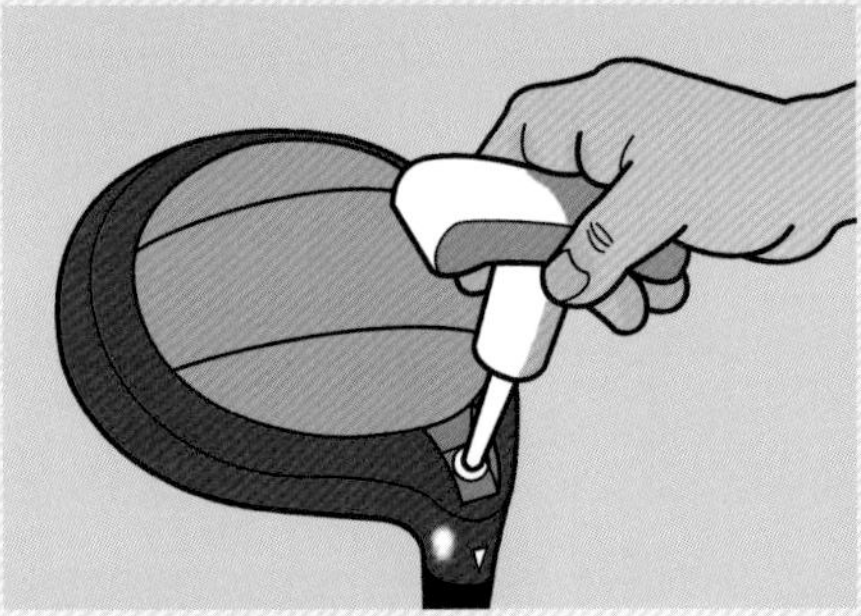

ラウンド中にクラブの性能を変える行為は行ってはならない。また、ネジ留め部分はラウンド中にゆるまないよう、しっかり固定してからスタートしなくてはいけない

ゴルフコースの名称

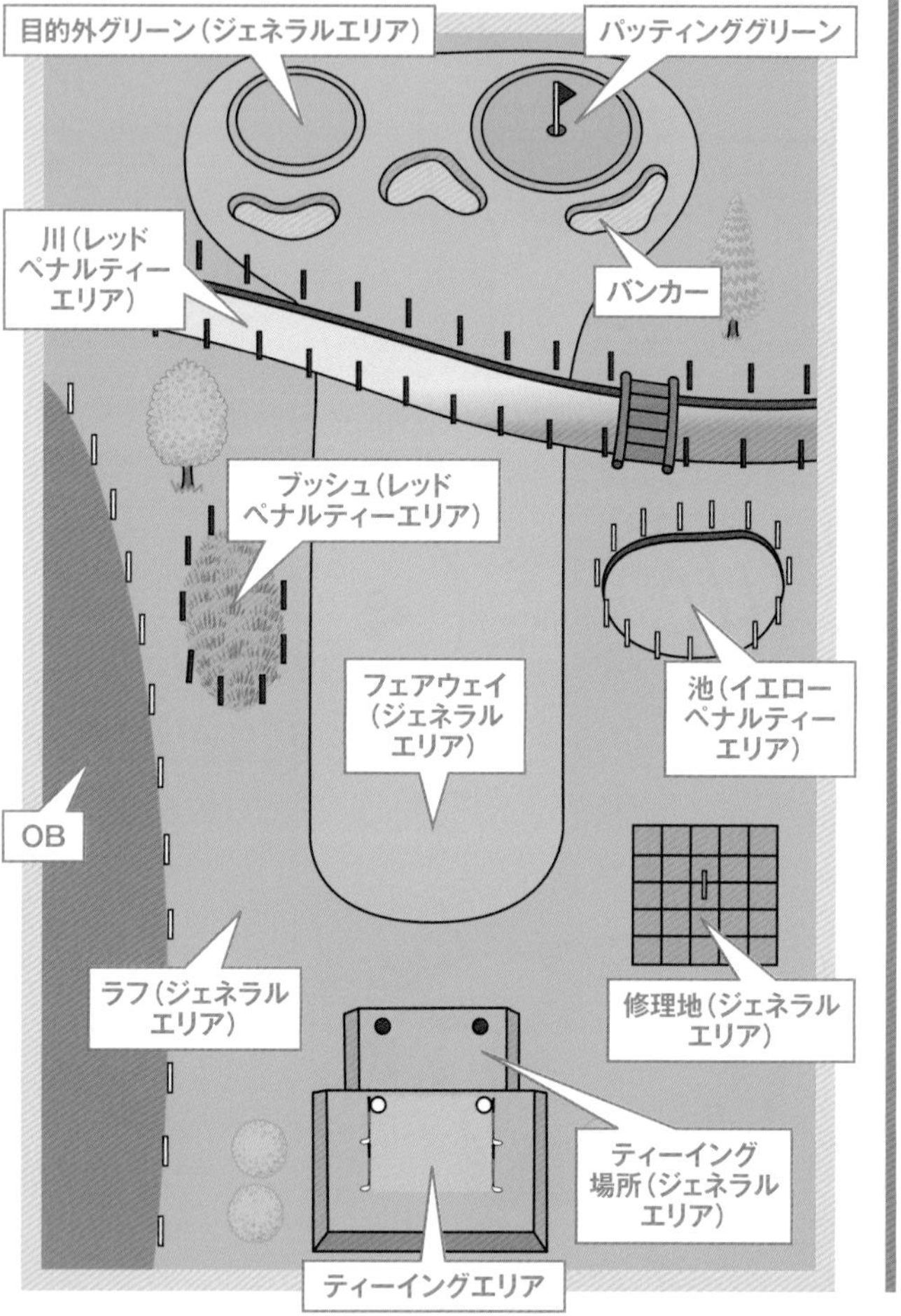
目的外グリーン（ジェネラルエリア）
パッティンググリーン
川（レッド
ペナルティー
エリア）
バンカー
ブッシュ（レッド
ペナルティーエリア）
フェアウェイ
（ジェネラル
エリア）
池（イエロー
ペナルティー
エリア）
OB
修理地（ジェネラル
エリア）
ラフ（ジェネラル
エリア）
ティーイング
場所（ジェネラル
エリア）
ティーイングエリア

PART 2
ティーイングエリア

CASE 01

ティーアップした球の後ろの長い芝をむしった

状況 ボールの後ろの芝が伸びていて邪魔だったので、打つ前にむしってしまった。

0 罰打

ティー区域内に球がある限り改善できる

処置 ティーアップの場所は、ティー区域内ならどこでもOK。本来ならきれいに刈り込まれているはずだが、凸凹があったり、夏場に芝が伸びすぎていることもある。

球の後ろをクラブのソールで押さえたり、足で踏みつけてならすのも、ティー区域内なら許される。もちろん、長い芝を引き抜いてもいい。これは、第1打をチョロしてティー区域内に球が残った場合や、OBで打ち直す場合も適用される。

One Point 使用ティー以外の他のティーに球が止まった場合はNG

規則(8.1)

CASE 02

ティーマーカーより前方にティーアップして打った

状況 2つのティーマーカーの前方を結んだラインからはみ出しているのに気づかず、そのまま打ってしまった。

2 罰打

ティー区域外のプレーはノーカウントで打ち直し

処置 少しでも遠くへ飛ばしたい気持ちが強いと、ついついティーマーカーのラインギリギリにティーアップしたくなるのがゴルファーの心情。とはいえ〝出ベソ〟で打ってしまったら2罰打となり、元も子もない。

打ち直しが3打目になるが、OBとは処置の基準が異なる。OBでは、1打目をカウントして1罰打を加えるが、この〝ティー区域外からのプレー〟では1打目をカウントせず、2罰打で再スタートすることになる。

規則(6.1)

One Point ティーマーカーを結んだラインに少しでも球がかかっていればセーフ

CASE 03

チョロ球がティーマーカーのすぐそばに止まった

状況 飛ばそうと力んで振ったらチョロに。転がった球がティーマーカーの近くで止まって、そのまま打てそうもない。

0 罰打

マーカーの内側なら再度ティーアップできる

処置 2019年から変更になったのがこれ。チョロを打って、ティーイングエリアに残ることはめったにないと思うが、その場合は無罰でエリア内のどこにでも球を移動させ、再ティーアップもできるようになった。

シャンクなどで近くの木に跳ね返った球がマーカーまで戻ってくっつくこともあるだろうが、それがエリアの外側なら、マーカーは〝動かせる障害物〟となるので、静かに抜いてプレー続行。後で元の位置に戻せばいいのだ。

One Point

エリア内に球がある間は、ティーマーカーは動かしてはいけない

規則(6.2)

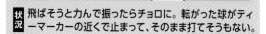

CASE 04

間違えたティーから打ち、OBしてしまった

状況 フロントティーから打つはずが、うっかりバックティーから打ってしまったところ、OB。何罰打に……？

2 罰打

正しいティーから第3打で打ち直し

処置 前のホールでバーディを取ってオナーになったりすると、つい浮かれてティーを間違えることがある。プレーファスト（迅速にプレーをすること）を心がけていると、他のプレーヤーがティーイングエリアに到着して注意する前に打ってしまうことも多い。

さて、ティーの取り違えは、〝ティー区域外からのプレー〟となるので、1打目はノーカウント。つまり、OBでも関係ない。2罰打のみを加え、正しいティーから再スタートすることになる。

規則（6.1）

One Point ティー間違いのままプレーを続けると、競技失格になるので要注意

CASE 05

暫定球の宣言をしないで別の球を打ち直した

状況 ナイスショットが、カート道路に跳ねてOBのある林方向へ。カッとして、無言のまま別の球を打ち直した。

1 罰打

初球は見つかっても紛失球扱いになる

処置 〝暫定球〟は、OBまたは紛失のおそれがある場合、あくまで〝暫定的に〟打つもの。その場合「暫定球を打ちます」と他のプレーヤーに宣言しておかなければならない。

この宣言を怠ると、打ち直した球は〝暫定球〟ではない。〝ストロークと距離の罰〟により、即〝インプレーの球〟となる。初球は紛失球扱いとなり、たとえOBではないエリアで見つかっても、プレーを続けることはできない。打ち直した球で、次は4打目となる。

One Point
「打ち直します」でもダメ。明確に「暫定球」と告げること

規則(18.3)

CASE 06

ワッグルでコツンと当たって球がティーペッグから落ちた

状況 ワッグルしていたら、うっかりクラブヘッドを球に当てて、ティーペッグから落としてしまった。

0 罰打

ティーアップをやり直していい

処置 球を打ってしまった、と勘違いして焦ることはない。ルール上で〝ストローク〟とは〝球を動かす意思でクラブを前方に動かす〟こと。球を動かす意思がないワッグルは、打ったことにはならないのだ。

では、うっかり球を動かしてしまったことは……？　これも大丈夫。第1打を打つ前なので〝インプレーの球〟を動かしたことにはならない。そのままティーに乗せ直してもいいし、ティーアップの場所を変えてもいい。

規則（6.2）

One Point 空振りしたら、球は動かなくても〝インプレー〟になる

CASE 07

風でティーから落ちかけた球をそのまま打った

状況 強風にあおられてティーペッグから落ちかけた球を、ダウンスイングを止められずにそのまま打った。

0 罰打

ティーから落ちた球を打っても罰はない

処置 バックスイングの途中ならともかく、ダウンスイングを止めることはほぼ不可能。ティーから落ちる球を打ってもまともな当たりになるわけがないが、さらにペナルティーでは踏んだり蹴ったりだろう。

だが、ご安心を。通常〝インプレーの球〟は動いている状態で打つとペナルティーになる。だがティーアップされた球はまだ〝インプレー〟ではない。ティーから落ちる途中で打ってしまっても無罰なのだ。

規則(6.2)

One Point ただし、ミスショットでもやり直しはできない。1打は1打となる

CASE 08

ついうっかり、打順を間違えて打った

状況 前のホールのスコアを勘違いして、本当は3番目の打順なのに、2番目に打ってしまった。打ち直し……？

0 罰打

「すみません」と謝るだけで大丈夫

処置 本来は前のホールのスコアが少なかった人から順番に打つが、コースの売店を出た後など、少しインターバルを挟むと誰がオナーだかわからなくなりがち。

うっかりの間違いなら、ストロークプレーでは無罰でそのままプレーを続行するのが正解。

ただし、２０２３年改訂で、誰かが有利になるよう、わざと打順を変えて〝実際にプレー〟すると、その同意者全員が２罰打を受けることになった。

One Point

やり直したりすると、最初の球は紛失球となってしまう

規則（6.4）

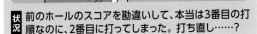

CASE 09

素振りでかすった球がOBに行ってしまった

状況 気合を入れて素振りをしていたら、体がぐらついて球にかすってしまった。球は転がってOBゾーンに入った。

0 罰打

〝ストローク〟と練習スイングは別物

処置 素振り（＝練習スイング）は〝クラブを前方に動かす〟ことから〝ストローク〟と混同しやすいが、〝球を打って動かす意思〟がないので別物。振り抜きや勢いの違いはあっても、ルール上はワッグルと変わらないのだ。

素振りでたまたま球に当たり、OBになってもフェアウェイの真ん中に飛んでも関係はなく、そのままプレーを続けてはいけない。改めてティーアップし直して、正しくスタートするだけでいいのだ。

One Point ちなみに第2打以降は、素振りで動いた球は1罰打でリプレース

規則（6.2）

CASE 10

ダウンスイングでクラブヘッドが抜けた

状況 ネジ留めが甘かったのか、ダウンスイングの途中でクラブヘッドがスッポ抜け、そのまま空振りしてしまった。

0 罰打

空振りとみなされて次が第2打となる

処置 最近はヘッドとシャフトをネジ留めするクラブが増えている。ネジがゆるんだり壊れたりすれば、こういうケースも起こるだろう。

バックスイングでヘッドが抜けた場合は、振り抜いても〝ストローク〟とはならない。ヘッドがないものは〝クラブ〟ではないからだ。第1打をやり直せる。

しかし、ダウンスイングの途中で抜けると〝クラブ〟を振ったことになり、空振りの1打とカウントされる。シャフトが折れた場合も同様だ。

One Point

抜けたヘッドが球に当たって動かした場合、球が止まった所から第2打

規則(10.1)

CASE 11

目印をつけなかった暫定球が初球と区別できない

状況 暫定球が、初球と同じ方向のラフに飛んだ。行ってみると2球とも見つかったが、番号も同じで区別がつかない。

1 罰打

どちらか1つを〝暫定球〟とする

処置 他のプレーヤーと誤球しないために、自分の球に目印をつけるのは常識。だが、暫定球も同じ目印をつけて、番号もろくに確認しないと、今回のケースのようなことが起こる。

本来なら、自分の球を特定できないから2球とも紛失球となるところだが、どちらかが初球で、もう一方が暫定球であることは間違いない。

〝公正の理念〟から、1つを放棄し、もう1つを〝暫定球〟としてプレー続行が認められている。次は4打目。

One Point 目印を色分けなど複数用意すると、トラブルを回避できる

規則(7.2)(18.3)

CASE 12

4番ホールでクラブが15本あるのに気づいた

状況 セルフプレーで、4番ホールのティーでキャディーバッグの中にパターがもう1本、入っているのを見つけた。

4 罰打

気がついた時点で〝不使用宣言〟

処置 キャディーがつかないセルフプレーでは、プレー中のクラブ紛失にも気をつけたいが、スタート前の本数確認も怠ってはいけない。

ルール上、コースで使用できるのは14本まで。1本以上超過してスタートした場合、そのクラブを使わなくても1ホールにつき2罰打、最高4罰打まで加算される。4罰打を受けたからと、続くホールで超過クラブを使うのはもちろんNG。〝不使用宣言〟をして使用を控えないと、競技失格となる。

規則（4.1）

One Point スコアカードには、最初の2ホールにそれぞれ2罰打を加算

CASE 13

他のプレーヤーのクラブを渡され打ってしまった

状況 同伴プレーヤーと同じモデルのドライバーを使っていることに気づかず、キャディーに渡されて打ってしまった。

2 罰打

取り違えに気づいたら〝不使用宣言〟

処置 ドライバーに限らず、パターやウエッジなど、人気モデルが同伴プレーヤーとかぶることは結構ある。キャディーが手渡す際、取り違えることもあるだろう。

取り違えたまま打って、後で気づいた場合には、まず〝不使用宣言〟をして、取り違えを正す。しかし、そのクラブでストロークを行っていた場合は、2罰打を免れない。

もし〝不使用宣言〟をせず2ホール以上続けて使うと、最高4罰打となる。

One Point

計14本以内でも、他人がプレーに選んだクラブを使った時点で罰打がつく

規則(4.1)

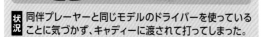

CASE 14

ティーイングエリア横でコロガシの練習をした

状況 前の組のプレーを待つ間、ティーの横でチッピングやパッティングのチェックをするために球を打った。

0 罰打

ただし競技規定で禁止のコースも

処置 ホールアウトして、次のティーショットを打つまでの間、パッティングとチッピングに限って練習することは認められている。場所は、ホールアウトした直後のグリーンとその周辺、次のティーイングエリアとその周辺ならOKだ。ハーフを終えた後の練習グリーンも、もちろん大丈夫。

しかし、日本ではプレーの進行を促すため、こういった練習を競技規定で禁止しているコースが多い。よく確認してから実行してほしい。

One Point ラウンド前に競技規定のチェックは欠かさないこと

規則(5.5)

CASE 15

素振り用の練習器具を待ち時間に振ってみた

状況 前の組のプレーの待ち時間に、体をほぐそうと思い、バッグに入れてあった素振り用の練習器具を振り回した。

2 罰打

2回以上行うと競技失格

処置 練習器具をキャディーバッグに入れたまま、ラウンドすること自体は問題ない。しかし、それをラウンド中に使用すると、2015年までは直ちに競技失格となった。

しかし、2016年のルール改訂で、1回の使用だけなら、2罰打の加算で済むようにペナルティーが軽減された。ついうっかり、練習器具で素振りをしてしまうようなミスに対して、いきなり競技失格はキツイ、という判断だろう。もちろん、2回目は許されない。なるべく練習器具は、ラウンドに持ち込まないように気をつけよう。

規則(4.3)

POINT

ストローク直前にクラブを足元に置くのもダメ

スタンスを確認するのにスティック状の器具はもちろん、2019年からはクラブを置くことも禁止に。置いた後、スタンスを解いたり、そのクラブを取り除いても2罰打は免れない。旧規則では認められていたので、要注意だ。

POINT

ストレッチ機器だけはコースで使っても大丈夫

コースで使える唯一の練習器具は、ゴムチューブなどのストレッチ用のもの。ただし〝スイングの際に使用するようにデザインされていない〟という条件をクリアしたものに限る。

POINT

重量のある素振り用クラブは14本以内なら使ってもいい？

クラブの形状をした練習器具は、クラブとみなされる可能性がある。その場合、たとえば重量があるために反発係数が超過した〝不適合クラブ〟となると、バッグに入っているだけなら無罰だが、ストロークすると競技失格になる。

CASE 16

他のプレーヤーのバッグをのぞいて使用クラブを確認

状況 パー3で、オナーが使う番手を知りたくてキャディーバッグをのぞきこみ、自分の番手選びの参考にした。

0 罰打

カバーやタオルを取り除くのはダメ

処置 風などで、パー3の番手選びに迷うことは多い。つい、先に打つプレーヤーの番手をチェックしたくなる気持ちはわかるが、直接尋ねるとアドバイスの違反で2罰打を受ける。

ではバッグをのぞく行為は？　自分の目で得られる情報は、アドバイスとは関係ないので、お咎めなし。ただし、クラブを確認しようと、カバーやかかっているタオルを取り除くといったアクションを起こすと、アドバイスの違反となり2罰打となる。

One Point 共用のキャディーに他のプレーヤーの使用クラブを尋ねるのは無罰

規則(10.2)

CASE 17

ティーから池を越えるヤーデージを教えてあげた

状況 パー3で、同伴プレーヤーが池ポチャを心配していたので、ティーから池の向こう岸までの距離を教えてあげた。

0 罰打

ただし番手などを教えるのはダメ

処置 実際の2点間の距離、今回のケースではティーと池の端までの距離について尋ねたり、教えたりすることは、〝周知の事実〟としてアドバイスの違反とはならない。

ただし、気をつけてほしいのは「池を越えるのに何ヤード打てばいい?」「何番で打てば越える?」という尋ね方や回答をすると、尋ねるだけでもアドバイスの違反となること。プレーする距離ではなく、客観的事実の距離しか伝えてはいけないのだ。

規則(10.2)

One Point

アバウトに「150ヤード打てば越えるよ」と伝えても2罰打

CASE 18

ティーでの待ち時間にキャディーがレッスン

状況 前の組のプレーを待ちながらスイングチェックしていたら、キャディーがトップの位置が高いと教えてくれた。

0 罰打

キャディーはアドバイスOK

処置 調子が悪いと、ラウンド中でもスイングチェックしたくなる。だが、同伴プレーヤーに見てもらうわけにはいかないし、大きな鏡があるわけでもない。頼れるのは、キャディーだけだ。

他のプレーヤーや、そのキャディーからアドバイスを受けることは禁止されているが、自分のキャディーだけからは、どんなアドバイスを受けても構わない。もちろんレッスンも大丈夫。

ただし、時間を忘れて〝不当な遅延〟にならぬよう注意してほしい。

One Point キャディーだけがラウンド中、なんでも相談できる唯一の味方と心得よう

規則(10.3)

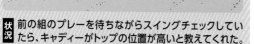

CASE 19

スイングの邪魔になる木の枝を折った

状況　ティーアップして素振りをしたら、背中側の木の枝にクラブが当たった。邪魔なので、打つ前にその枝を折った。

2 罰打

“スイング区域の改善”は認められない

処置　ティーイングエリアでは、芝をむしったり、押さえつけたりすることは許されているが、かといってティーイングエリア外の木の枝を折っていいことにはならない。

ストロークのためのスイング中に、たまたまクラブが当たって枝が折れてしまった場合は無罰だが、事前に枝を折ってしまうのは“スイング区域の改善”にあたり、2罰打となる。もちろん、ストロークではない素振りで枝を折るのもダメだ。

規則(8.1)

One Point

周囲の木の枝などを折らぬよう、素振りは慎重に！

CASE 20

セカンド地点に向かう途中で暫定球を打とうと戻った

状況 セカンド地点に向かって歩き出したら、打球方向のOB杭に気づき、暫定球を打とうとティーに戻った。

0 罰打

〝不当な遅延〟にならなければOK

処置 〝暫定球〟は本来、打ち直しに戻る時間を節約するためのもの。そのため、旧規則では〝初めの球を探しに出かける前に〟プレーしなければならないと記されていた。

となると、ティーから離れて歩き出した時点で打てなくなるはず。だが、今回のケースのようにティーからは見えなかったOBに気づけば、すぐに戻って打ち直すほうが合理的だ。

そこで、2019年の改訂で〝初めの球を探しに出かける前に〟は削除された。どの時点でも戻って暫定球をプレーする権利が認められたのだ。

規則(5.6)(18.3)

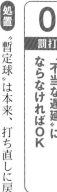

POINT

初球が打てないライなら暫定球を選んでもいい？

球を紛失しそうな場所は、球が見つかっても打てないライにあることが多い。その場合、アンプレヤブルにするとして、暫定球をその処置の打ち直しとみなせば、同じ打数で合理的？ それはできない。アンプレヤブルの処置が必要となる。

POINT

ティーに戻れるのは50ヤード以内が目安？

暫定球の目的は時間の節約。球の落下地点の状況把握と、戻って打ち直すことがプレーの進行を妨げないと思われるのが、ティーから少し前方の50ヤードまで、というのが旧規則での目安だった。

POINT

池に入った球の救済処置に暫定球を流用できる？

初球が池ポチャと確認できれば、その救済処置としてティーからの打ち直しを選択できる。だが、池付近での紛失のおそれに対してプレーした事前の暫定球を流用することはできない。これも改めてペナルティーエリアの処置が必要だ。

CASE 21

アドレスの向きの確認のため キャディーを後方に立たせた

状況 ラウンド中、どうもアドレスがしっくりこなかったので、キャディーに後方からチェックしてもらった。

2 罰打

球の後方に立たせてアドレスするのはNG

処置 2019年から、プレーヤーのストローク中に限らず、スタンスを取り始めた時点から、いかなる理由でもキャディーを球の後方線上や、その近くに立たせてはならないことになった。

ただし、プレーヤーがスタンスを解いた場合は、コース上どの場所であっても違反とはならない。

また、キャディーがクラブやカートを運んでいるときなどに、うっかりプレーヤーの後方にいた、などという場合はお咎めなしだ。

規則(10.2)

One Point

「スタンスを解いた場合は無罰」については2019年2月に詳説として発表

CASE 22

スタート時間に遅れた！5分以内だったら？

状況 練習場で打ち込んでいて、気づいたらティーオフの時刻。慌ててスタートティーに向かったが、4分ほど遅れた。

2 罰打

5分を過ぎたら 競技失格

処置 スタート時間に遅れることは、同じ組だけでなく、コースでプレーする全員に迷惑をかける行為。ルール以前の問題なので、厳に慎んでほしい。

とはいえ、事故渋滞など想定外のトラブルで遅れてしまうことも、長いゴルフ人生にはあるだろう。その場合、プレーできる状態で、ティーに5分以内の遅刻で到着すれば、2罰打加算でスタートが認められる。同組のプレーヤーがセカンド地点に着くまでに追いつける、ギリギリの線だろう。

One Point スタートの5分前にはティー付近で待機できるように心がけよう

規則(5.3)

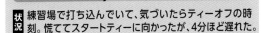

CASE 23

池のある方向に飛ばしたが暫定球を打つのは禁止？

状況 打球が右ラフにある池方向に飛んだ。暫定球を打とうとしたら同伴プレーヤーに「池なら打てない」と言われた。

0 罰打

紛失球の可能性があれば打てる

処置 明らかに広い池や川にキャリーで届いたり、そちらの方向には海しかないような場合などは、暫定球を打たずに、ペナルティーエリアの処置を取るべきだ。

だが、今回のケースのように球の落下地点があいまいで、池の近くのラフで紛失する可能性がある場合は〝暫定球〟を打つことは認められる。ただし、池に入ったことが確実ではないので、球がなかった場合にペナルティーエリアの処置を取ることはできなくなる。

One Point 暫定球はペナルティーエリア以外で紛失する可能性がある時だけ打てる

規則（18.3）

PART 3
ジェネラルエリア

CASE 01

球のすぐ先にあるディボット跡を埋めた

状況 球の1メートルほど先にあるディボット跡をエチケットの観点から、ショットの前に目土を埋めて修復した。

0 罰打

打球やスイングに影響がなければ大丈夫

処置 芝が削り取られたディボット跡を、目土などで修復するのは大事なマナー。〝スイングの区域、プレーの線の改善〟やスタンスの場所を作る違反とみなされると2罰打となる。

たとえば、球の周囲20センチ以内にあるディボット跡を修復すれば、そのようにみなされる危険性が高い。だが、今回のケースのように1メートルも離れていれば、打球やスイングに影響はないはず。気になる場合は、同伴プレーヤーに確認してから直すといい。

規則（8.1）

One Point ただし花道からのコロガシで、ライン近辺にあるディボット跡修復はNG

CASE 02

めくれていたディボットをちぎって除いた

状況 球の近くに地面につながったままめくれているディボットがあり、クラブが当たりそうなので取り除いた。

2 罰打

ディボットが完全に切れていれば無罰

処置 ディボットは、完全に切り取られているものは〝ルースインペディメント〟として、プレーの妨げになるなら無罰で取り除くことができる。

しかし、切り取られていない場合は〝ルースインペディメント〟ではない。引きちぎることだけでなく、元どおりに埋め直しても〝球のライやスイング区域の改善〟とみなされて2罰打となる。球のすぐ後ろにある場合、ワッグルなどでクラブが当たっても〝改善〟とみなされやすいので、要注意だ。

規則(8.1)

One Point

バックスイングで当たって動かしても、そのまま中断せずに打てば無罰

CASE 03

共用のキャディーに球が当たった

状況 アプローチをシャンクして、斜め前にいたキャディーに当ててしまった。幸いケガはなかったが……。

0 罰打

キャディーの携帯品に当てても同様

処置 大抵、キャディーは1組に1人。つまり、同伴プレーヤーたちと〝共用〟していることになる。

旧規則では、共用のキャディーやその携帯品に打球をぶつけたり、動いている球を止められた場合、1罰打となっていた。だが、2019年の改訂により、共用であろうとなかろうと、キャディーやその運んでいる用具に打球を当てたり、動いている球を偶然止められたりしても、無罰となった。球はそのままプレー続行でいい。

One Point 同伴プレーヤーとそのキャディーに打球を当てても、無罰

規則(11.1)

CASE 04

共用の乗用カートに球が当たった

状況 セカンドショットが木に当たって跳ね返り、キャディーの運転する乗用カートに当たってしまった。

0 罰打

球の止まった位置からプレー続行

処置 停止している共用のカートと、共用のキャディーが運転しているときの乗用カートは、プレーヤー自身の携帯品とみなされる。旧規則では、打球を当てた場合は、1罰打となり、球は止まった所からプレー続行だった。

だが、これも2019年の改訂により、無罰でプレー続行となった。カートに積んであるバッグなどに当たっても問題なし。ただし、カートを意図する場所に止め、故意にぶつけて打球の方向を変える行為は、2罰打となる。

One Point

本来、カートに当ててはいけない。前方の安全確認を忘れずに

規則(11.1)

CASE 05

同伴プレーヤーの球と区別がつかなくなった

状況 セカンド地点に同じブランド、同じ番号の球が2つ並んでいた。確認すると、同伴プレーヤーと一緒だった。

1 罰打

ティーに戻ってお互いに打ち直し

処置 自分の球であることが〝確認できない〟と、紛失球となる。実際に球が見つかっていても、同伴プレーヤーの球や、前の組が残した紛失球とほぼ同じ場所にあり、区別がつかない場合はアウトだ。

同伴プレーヤーとお互いに判別できない場合は、2人とも紛失球扱いとなり、それぞれ1罰打で前打地点から打ち直しとなる。

使用者の多い人気ブランドの球など、隣のホールに打ち込んだ場合に取り違えることもある。自分の球には、常に目印をつけることを心がけてほしい。

規則(7.2)(18.2)

POINT

暫定球が同伴プレーヤーの球と区別がつかなくなったら？

暫定球でもインプレーになれば、同様にお互いが1罰打で打ち直しとなる。こういったことにならないよう、暫定球を打つ場合は、球のブランドや番号を告げ、同伴プレーヤーと同じものでないことを確認すべきなのだ。

POINT

区別のつかない球が両方とも池ポチャだったら？

初球と暫定球で区別がつかず、2つとも池で見つかった場合は、初球が池で紛失したとみなしていい。つまり、初球の打数に、1罰打加算して池からの救済処置を取ればいいのだ。

POINT

区別のつかない球の片方が池ポチャだったら？

初球と暫定球で区別がつかず、1つがラフ、もう1つが池の中で見つかった場合。これも、どちらか1つを暫定球として生かし、プレー続行。池に入ったのが初球だったとしても、ラフの球を暫定球として次打を打てる。

CASE 06

同伴プレーヤーの球が近すぎて打ちづらい

状況 セカンド地点に行くと、自分の球と同伴プレーヤーの球が20センチほどしか離れていなかった。マークできる?

0
罰打

マークを依頼して拾い上げてもらえる

処置 グリーン上に限らず、ジェネラルエリアやバンカーでも、プレーヤーは自分のプレーの妨げになる他の球を、拾い上げてもらうことができる。

依頼を受けた同伴プレーヤーは、グリーン上と同様にマークし、後でリプレースしなければいけない。

注意してほしいのは、拾い上げた球を拭かないこと。手でしっかり握ったり、ポケットにしまっても球を拭いたとみなされかねない。キャディーにも渡さないよう、注意してほしい。

One Point
マーカーを打ってしまいそうなら、グリーン上同様に移動する工夫を

規則(15.3)

CASE 07

カラスが球をくわえて行ってしまった

状況 セカンド地点に向かう途中、カラスが自分の球をくわえて飛び立つのが見えた。慌てて追いかけたが逃げられた。

0 罰打

球のあった位置に別の球をリプレース

処置 カラスや犬は〝外的影響〟なので球を動かされても罰打はつかない。球を元の位置にリプレースすればいい。

だが、このケースのように球を持っていかれてしまったら？　大丈夫、別の球をリプレースすればＯＫだ。

遠目に見ていたため、カラスがくわえて行った元の球の位置がはっきりしない、というケースもあるだろう。その場合は、球が止まっていたと思われる場所を推定して、そこにリプレースすればいいのだ。

One Point リプレースする場所が不明確な場合でも、ドロップではない

規則（9.6）（14.2）

CASE 08

アドレス後に風で球が動いた

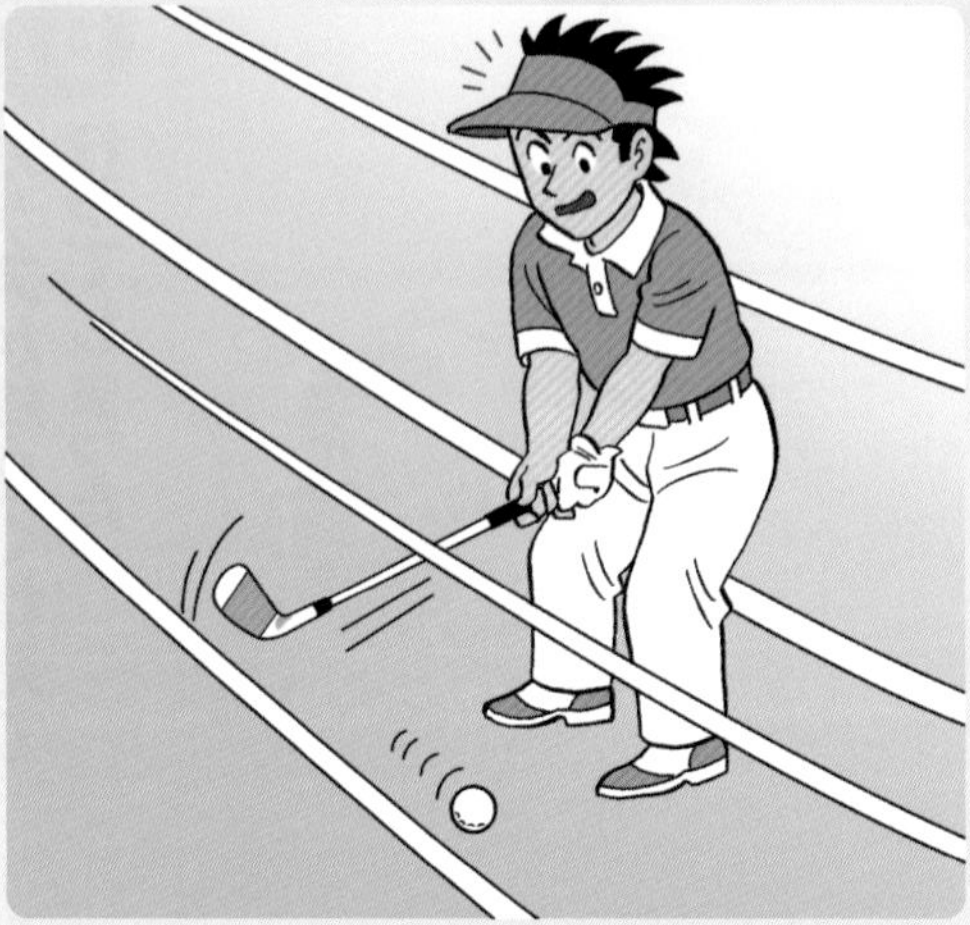

状況 アドレスでソールしたら、急に強い風が吹いてきたのでヘッドをどかした途端、球が数センチ転がった。

0 罰打 球の止まった所からプレー続行

処置 以前は、アドレスでソールした後に球が動いた場合、原因はすべてプレーヤーにあるとみなされて、1罰打が加算され、球はリプレースしなければならなかった。

だが、2012年の改訂で風や水、局外者が明らかに原因となっている場合は、無罰で球の止まった位置からプレー続行となった。

さらに2016年の改訂で、原因がプレーヤー自身と断定できない限り、無罰と判断することが明確になった。

One Point クラブが触れて動かした場合などは、以前同様に1罰打でリプレース

規則(9.3)

CASE 09

アドレスでクラブが触れて球が揺れた

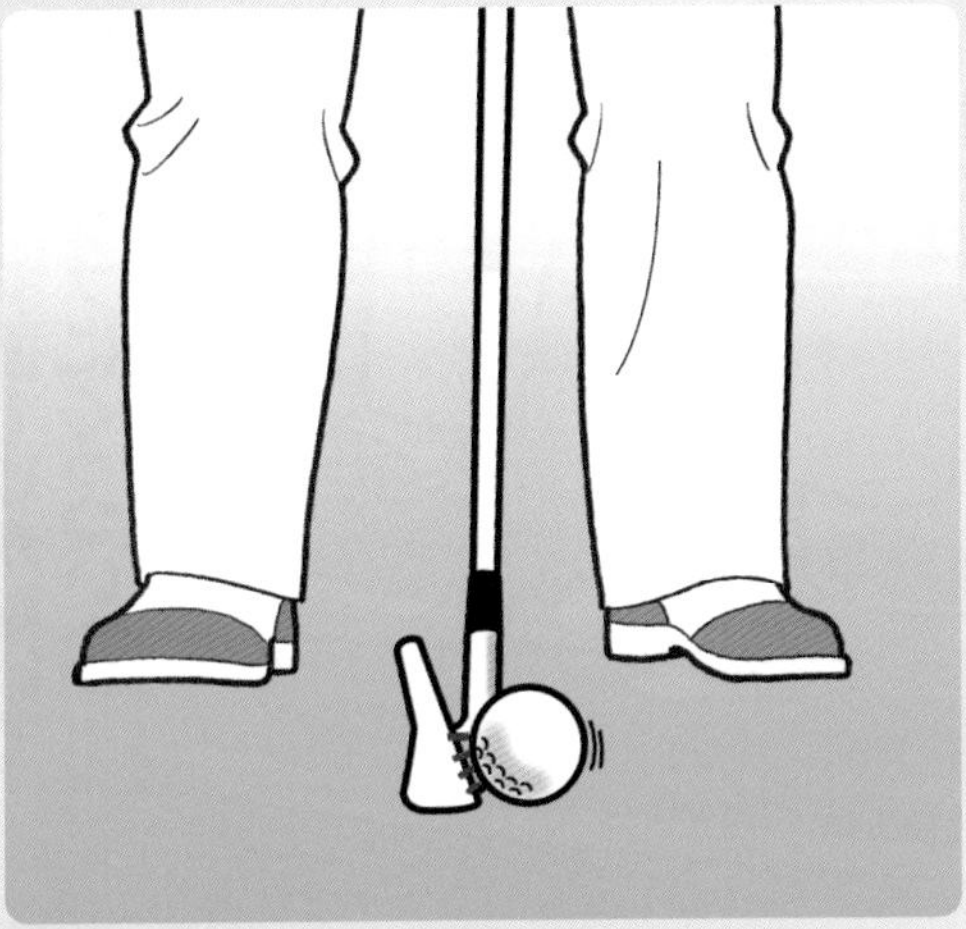

状況 アドレスしていたらヘッドが球に軽く触れてしまい、球が少し揺れた。球の位置は変わらなかった。

0 罰打

揺れても元の位置に戻れば問題なし

処置 アドレスでクラブを球のなるべく近くにセットしようとして、フェースが軽く当たってしまうことはある。

それで球が少しでも移動してしまったら、1罰打でリプレースしなければならない。

だが、球が止まっている位置を離れ、他の場所に行って止まった時に〝動いた〟ことになるので、揺れても戻ったのであれば問題はない。アドレスの際にクラブがインプレーの球に偶然触れること自体は、元々許されている。

One Point

ワッグルや素振りでうっかり球を動かしたら、1罰打でリプレース

規則(9.2)

CASE 10

上り斜面で球が動いてクラブにくっついた

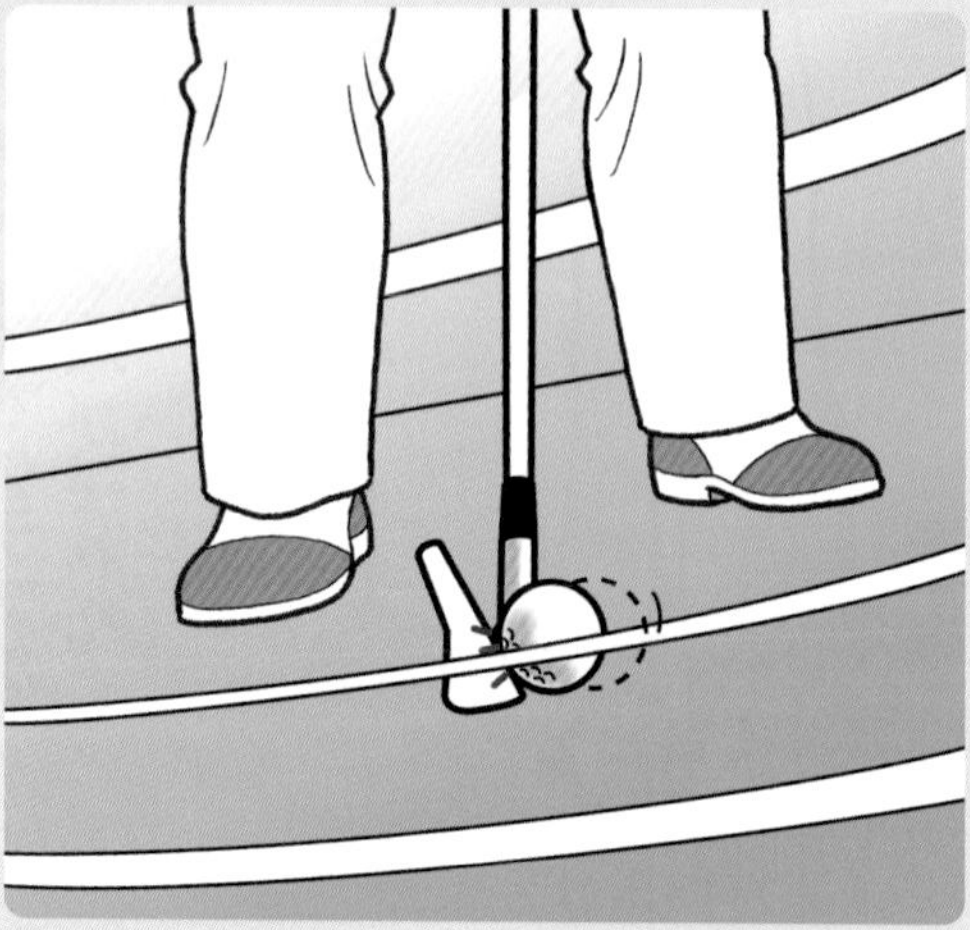

状況 左足上がりの斜面でアドレスしていたら、風が吹いて球が少し転がり、クラブフェースに当たって止まった。

0 罰打

球の止まった位置からプレー続行

処置 風でアドレス後に球が動いてしまっても無罰。その動いている球が偶然クラブに当たって止まった場合、旧規則では1罰打だったが、2019年からは無罰になった。

球はリプレースせず、止めた位置からプレーを続けることになる。うっかりリプレースしてしまうと、インプレーの球を動かしたことで1罰打、さらにそのまま打つと〝誤所からのプレー〟で計2罰打となるので要注意だ。

ちなみに、クラブを当ててしまったなど、プレーヤーに球が動く原因があった場合は1罰打でリプレースだ。

規則(9.3)(11.1)

POINT

ソールする前に球がくっついたら?

球の直前か直後にソールしなければ、アドレスしたとはみなされない。しかし2016年の改訂で、もはや球が動いた時点でアドレスしているかどうかは問われなくなった。動いている球を止めたことだけで判断すればいい。

POINT

わざと止める行為は競技失格の危険性も

たとえば、球が風で転がり落ちたらOBになってしまう場面で、意図的にクラブで止めれば2罰打。OBによる1罰打で前打地点に戻るよりラクかも。だが、その行為自体が〝重大な違反〟となる。

POINT

クラブをどけたら、さらに球が転がったら?

くっついて止まり、クラブを動かして球も動き出したら、無罰でリプレース。クラブをどけた後に自然の力で動いたり、最初に当たった瞬間にクラブを引いて球が転がり続けた場合は、球が次に停止した位置から無罰でプレー続行だ。

CASE 11

「7番じゃ弱かった!」と思わず叫んでしまった

状況 同伴プレーヤーより後にセカンドを打ち、少しグリーンに届かず「7番じゃ弱かった!」と大きめの声で嘆いた。

0 罰打

参考にならない場合は問題なし

処置 すでに同伴プレーヤーはセカンドを打ち終えているので、番手を教えられてもプレーの参考にはならない。

これが同伴プレーヤーの打つ前だったら、プレー上の決断やクラブの選択に影響を与えるような助言＝アドバイスをしたとみなされる可能性が高く、2罰打を免れないだろう。

たまに〝独り言〟と言い訳する人もいるが、同伴プレーヤーに聞こえるような大きさで発言した時点で、影響を与えたことに変わりはない。

One Point 反省の弁でも、つぶやき程度に抑えないと、思わぬペナルティーに

規則(10.2)

CASE 12

グリーンが空くまでに松かさを打った

状況 前の組がグリーン上にいる待ち時間に、近くに落ちていた松かさを打ってスイングチェックした。

0 罰打

松かさを打った程度なら練習ストロークではない

処置 ホールアウトした直後のグリーンと、その次のティーイングエリア周辺でパッティングとチッピングの練習をする場合以外は、コース内で練習ストロークを行ってはいけない。もし行うと、2罰打となる。

ただし、練習スイング、つまり素振りなら、コースのどこで行ってもOK。ラフで草の手ごたえを感じながら行うのと同様に、ルースインペディメントである松かさをヒットする練習スイングは、無罰なのだ。

One Point ただし、打った松かさが自分の球に当たって動かしたりすると1罰打

規則(5.5)

CASE 13

スマホで気象情報をチェックした

状況 遠くに雨雲が見えてきたので、スマートフォンで気象情報を確認し、雷などで中断にならないかチェックした。

0 罰打

積極的に計測していることにはならない

処置 携帯電話やラジオなどの電子機器をコースに持ち込むこと自体は、違反にはならない。

ただし、プレーの援助になるような使い方をすると競技失格。だが、2016年の改訂により、1回目だけは大目に見て、2罰打の加算で済まされることになった。

さて、気象情報の確認だが、プレー地点の風速や湿度といった〝実効距離の計測〟に使えるデータを得るような内容でなければ、プレーの援助とはならない。気象台が発表した天気の情報を得るのは、まったく問題ないのだ。

規則(4.3)

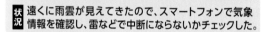

POINT

携帯音楽プレーヤーは使ってもいい?

雑音をかき消したり、良いテンポを助長することにつながり、スイングやプレーの援助となるので使用は禁止されている。ただし、ホール間の移動中に交通情報をラジオで確認することなどは、違反とはならない。

POINT

2点間の直線だけの距離計測機器はOK

2019年の改訂で、2点間の距離を測る計測機器は使用可能に。高低差や風速を計測するものはNGだが、その機能を停止すればOK。ちなみに方位磁石は〝変化を計測〟しないので常に使える。

POINT

タブレットPCでコースガイドを見ていい?

ラウンド前に得られるコースガイドやヤーデージブックの情報も、プレーに影響する〝計測〟データにはならない。実際にそれらを持ち歩いてもいいし、タブレットPCなどでその情報にアクセスすることも許されている。

CASE 14

グリップにタオルを巻きつけて打った

状況　雨のラウンド。手が滑ってしまうので、ふと思いついてタオルをクラブのグリップに巻きつけてショットした。

0 罰打

グローブと扱いは同じ

処置　一見〝携帯品の異常な使用〟でペナルティーになりそうだが、実は大丈夫。通常のグローブと同様の扱いで、タオルやハンカチをグリップに巻きつけることは許されている。

もちろん、特殊な滑り止め加工をされたグローブが違反となるように、特殊なタオルは使用してはいけない。

また、松脂やパウダー、乾燥剤、加湿剤といった滑り止めも使用していい。クラブがすっぽ抜けて思わぬ事故を防ぐためのガイドラインだろう。

規則（4.3）

One Point　シリコーン素材のグリップなら吸水しないので、ひと拭きで水気が取れる

CASE 15

クラブに貼った鉛がはがれ落ちた

状況 ダフったせいか、フェアウェイウッドに貼った鉛がはがれ落ちてしまった。貼り直すことはできない？

0 罰打

元の位置にのみ貼り直せる

処置 1～2グラムの鉛をクラブに貼りつけてバランス調整を行う人は結構多い。ただ、ラウンド中のショットでめくれたり、はがれ落ちてしまうこともある。

その場合の処置は、2通り。クラブの機能を変更しないよう、元の位置に貼り直すか、または鉛がはがれ落ちたままでプレーを続行することだ。

グリップが擦り減るのと同様で、通常のプレーで鉛がはがれるぶんには元に戻さなくても問題ないのだ。

規則（4.1）

One Point はがれた鉛を別の位置に貼ると、競技失格になってしまう

CASE 16

傷ついた球を取り替えたい

状況 ティーショットが木に当たり、落ちた球を見るとカバーに深い傷がついていた。できれば交換したいが……。

0 罰打

同伴プレーヤーの確認は必要ない

処置 2019年の改訂により、インプレーの球を別の球に替えることができるのは、救済を受けてドロップ、プレースする場合すべてと、球が割れるか、切れるか、ヒビが入った場合だけと明確になった。

旧規則では、取り替える前には必ず同伴プレーヤーの確認が必要だったが、新規則では不要になった。速やかなプレーを促すとともに、よりプレーヤー自身の誠実さが問われるようになったと言えるだろう。

One Point 傷の確認で球を拾い上げる場合は必ずマークすること

規則(4.2)

CASE 17

カート道路に当たった球も擦り傷だけで取り替えられる？

状況 打球がカート道路を直撃したせいか、よく見るとカバーに黒い擦り傷が。これを取り替えるのはダメ？

2 罰打
擦り傷では交換できない

処置 プレー中の損傷による球の交換の条件は、割れるか、切れるか、ヒビが入るかの3つだけ。つまり、カバーに“裂け目”がない限りNGなのだ。旧規則では変形も認められていたが、最近の球の構造を考えて除外されたようだ。

もし、擦り傷やペイントの剥離などだけで、条件を満たさない球を交換した場合は、2罰打となる。同伴プレーヤーの確認が不要になったぶん、自分で勝手に判断して、こういった間違いを犯さないよう注意してほしい。

One Point
カート道路から救済を受けてドロップする場合は交換ＯＫ

規則(4.2)

CASE 18

ドロップ後に見つかった初球でプレー続行した

状況 3分ほど探し、諦めて打ち直しの球をドロップした。その直後に初球が見つかったので、初球でプレーを続けた

4 罰打

ドロップ地点にリプレース

処置 たとえ球探しで3分経っていなくても、プレーヤーが紛失球と判断し、前打地点に1罰打でドロップした時点で、初球は紛失球と確定する。

ここで初球が見つかっても、プレーはできない。ドロップした〝インプレーの球〟を拾い上げて1罰打、誤球（初球のこと）のプレーで2罰打。元のドロップした地点に戻り、拾い上げた球をリプレースして、プレーをやり直さなければいけない。

訂正を怠ると競技失格となる。

One Point ドロップでなくティーアップならインプレー前なので、拾い上げもOK

規則（6.3）（14.4）

CASE 19

初球が探していた場所より ずっと先で見つかった

状況 初球が見つからず、暫定球をセカンド地点でプレー。するとさらに先で初球が見つかった。プレーしていい?

1 罰打

すでに暫定球はインプレー

処置 手前の林に入ったはずが、カート道路を転がって300ヤード越え地点まで行くことも、たまにはある。

ティーから暫定球を打ち〝初球があると思われる場所〟よりホールに近い地点から次打を打った時点で、初球は紛失球となる。

このケースのように、暫定球を実際の初球よりホールに近づいてプレーする前でも〝あると思われる場所〟を過ぎた地点でプレーした時点で、初球は紛失球となってしまうのだ。

One Point 球探しの時間を3分かけていなくても、初球が紛失球になるのは同じ

規則(18.3)

CASE 20

同伴プレーヤーの球に打球が当たった

状況 セカンドショットがグリーン手前にあった同伴プレーヤーの球を直撃して、両球とも大きく跳ねた。どうする？

0 罰打

同伴プレーヤーの球はリプレース

処置 同じホールに向かってプレーするのだから、同伴プレーヤーの球に打球をぶつけてしまうことがあってもおかしくはない。

同伴プレーヤーの球がどこにあっても、当てたほうのプレーヤーの球は、あるがままでプレー続行。跳ね方が悪くても諦めるしかない。

当てられた同伴プレーヤーは、球を元の位置にリプレースしなければいけない。位置があいまいな場合は、推定した場所にリプレースでいい。

One Point 自分の暫定球が初球に当たって動かした場合も、初球をリプレースする

規則（9.6）

CASE 21

2人がほぼ同時に打った球がグリーン上で当たった

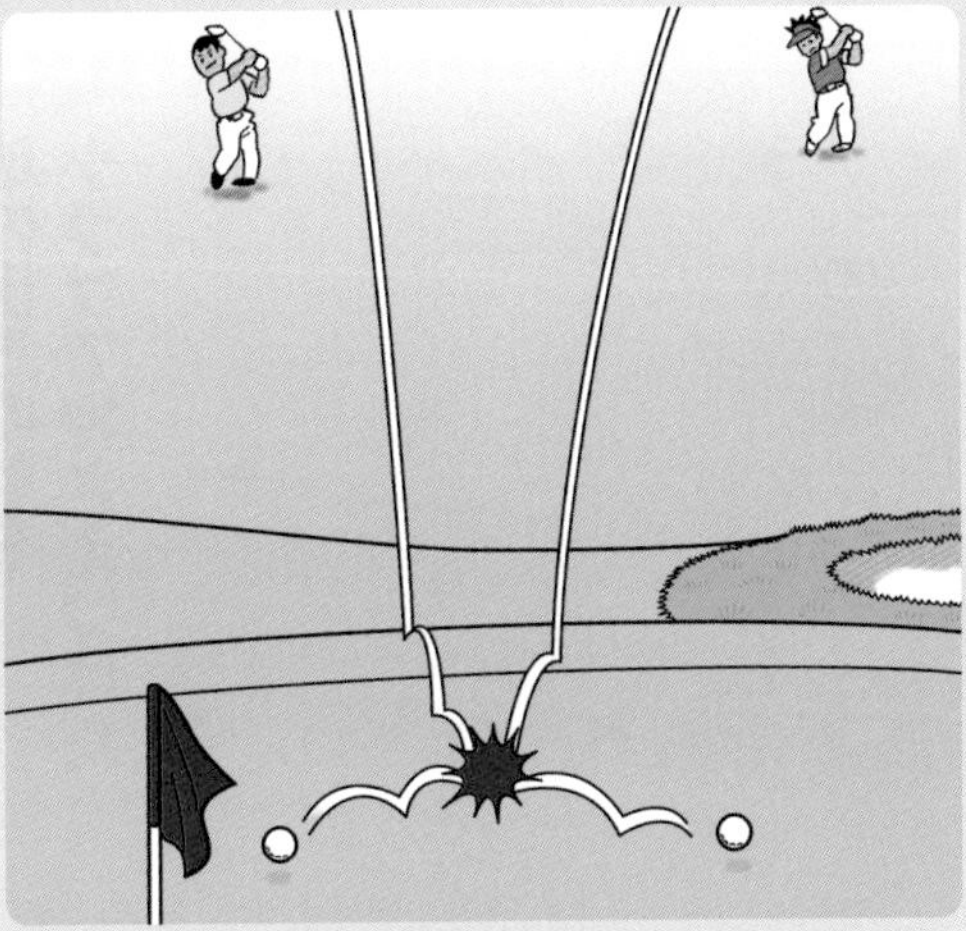

状況 自分が打つと、フェアウェイの反対側にいた同伴プレーヤーも打っていた。2人の打球はグリーン上で当たった。

0 罰打

あるがままでプレー続行

処置 同伴プレーヤーと離れた位置で、グリーンから似たような距離からプレーすると、こういった〝同時進行〟は起こりやすい。

同時に打ってしまったことや、打球同士がぶつかってしまったことにはペナルティーはない。お互いに、球が止まった位置からプレー続行となる。

これがお互いにグリーン上のパッティングとなると話は別。ストロークを取り消して、2人ともやり直すことになるので要注意だ。

One Point

プレーの前に声をかけ合うようにすると、こういったトラブルは解消できる

規則（11.1）

CASE 22

球の後ろの草をクラブで押さえつけた

状況 7番ウッドで構えたらヘッドがラフの草で押し返された。しっかり当てたいので、ソールで草を押さえつけた。

2 罰打

〝スイング区域の改善〟とみなされる

処置 球の後ろを押さえつけたり、ならしたりしていいのはティーイングエリアだけ。ジェネラルエリアでは、球のライやスイング区域を改善した違反行為となる。

今回のケースでは意図的に押さえつけているので当然違反だが、やや弱めに押さえて「ソールしただけ」という言い訳は認められるだろうか。

ソールが許されるのは〝ごく軽く地面につける〟範囲でのこと。やはり押さえてはいけないのだ。

One Point

草だけでなく、盛り上がった目土なども押さえてならしてはいけない

規則（8.1）

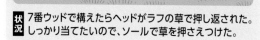

CASE 23

素振りをしたら後ろの木の葉が落ちた

状況 球から少し下がって素振りをしたら、うっかりフォロースルーで後ろの木の枝を叩いてしまい、葉が数枚落ちた。

0 罰打

スイング区域が改善されなければ問題なし

処置 スイング区域で、木の葉が数枚落ちたとしても、まだ大量の葉が枝に残っている場合、とても〝改善〟したとはみなされない。無罰と判断するのが妥当だ。

ただし、秋で落ち葉が多く、スイング時の集中を妨げるような状況で、落ちそうな葉を先に叩き落としたとなると〝改善〟とみなされるだろう。

要は葉の枚数ではなく、心理的にせよ物理的にせよ〝改善〟とみなされる行為かどうかが問題となるのだ。

One Point 何が〝改善〟とみなされるかは、打つ直前の状況で決まってくる

規則(8.1)

CASE 24

木の枝を揺らして雨の水滴を落とした

状況 雨上がりのラウンド。木の下でアドレスしたら水滴が落ちてきて、集中できないので木を揺らして払い落した。

2 罰打

〝スイング区域の改善〟とみなされる

処置 スイング中に、水滴が襟首に落ちてきたら……などと考えると、水滴を事前に払い落としたくなる気持ちはわかる。

たかが水滴を落としただけなら、物理的にはほとんど〝スイング区域の改善〟とはならないはず。

しかし、心理的に楽になるように状況を変えることも〝改善〟とみなされる。スイングに集中できる状況に〝変えたい〟と考えた時点で、その行為が〝改善〟につながると判断してほしい。

One Point 素振りなどで葉に触れて、大量に水滴を払い落としても2罰打となる

規則(8.1)

CASE 25

バックスイングで木の枝を折ってしまった

状況 バックスイングでクラブが後ろの木の枝に当たり、折ってしまったが、そのままスイングを止めずに打った。

0 罰打

スイング中なら〝改善〟とはならない

処置 球のライやスイング区域、プレーの線の改善に影響する生長物や固定物を折り曲げたり、壊したりすることは許されていない。

だが、スイング中にクラブが当たって損壊する場合だけはお咎めなし。ただし、スイングを途中で止めると話が変わる。

今回のケースで、枝に当たって驚いてスイングを止めてしまうと、次打の〝スイング区域の改善〟となり、2罰打。とにかくスイングしてほしい。

規則（8.1）

One Point

たとえ空振りでも、ミスヒットでOBや、2罰打になるよりはマシ

CASE 26

枝の下の球を打つのにタオルを敷いてヒザをついた

状況 枝の下の球を打つには、ヒザをつくしかない。ズボンを汚さないように、タオルを敷いて打った。

2 罰打

スタンスの援助となるものは使えない

処置 タオルを敷いてヒザをつくのは〝スイング区域の改善〟とはならないが〝スタンスの援助となる物を置く〟という禁止事項に引っかかる。

ヒザをつく行為はスタンスを取ることとみなされ、その土台を補助するようなものがあってはならない。タオル1枚でも、それは認められない。

では、ヒザにタオルを巻きつけたら？これも、同様の違反とみなされて2罰打になる。あるがままの状態でプレーしてほしい。

One Point

レインウェアのズボンをはいてヒザをつくことは、問題なし

規則(8.1)(10.2)

CASE 27

左手で木を抱えて右手だけで打った

状況 スタンスを取りたい場所に木があったので、その幹を左手で抱えたまま、右手だけで球を打った。

0 罰打

樹木につかまって打っても問題ない

処置 木を抱えて打つ行為は〝スタンスの援助となる物を置く〟ことにも〝スイング区域の改善〟にもならない。

もし、木を抱えたり、寄りかかることで身体を支える助けになったとしても、他者から〝物理的援助〟を受けていることにもならない。

球を右手だけで打つのも、打ち方の違反とはならない。

ただし、このような難しいライからは、そのまま打つよりもアンプレヤブルを検討したほうが得策だろう。

規則（8.1）

One Point

ミスショットの可能性だけでなく、ケガをする危険性も考えよう

CASE 28

邪魔だったのでOB杭を引き抜いた

状況 バックスイングが近くのOB杭に当たるので、それを引き抜いてから打った。OB杭はその後、元に戻した。

2 罰打

OB杭だけは抜いてはいけない

処置 コース内の杭はほとんどが〝動かせる障害物〟。ところが、OB杭だけは〝境界物〟なのだ。

〝境界物〟が厄介なのは〝動かせない障害物〟でもないので、無罰で救済を受けられないことだ。OB杭が邪魔で打てないのなら1罰打を加算してアンプレヤブルにするしかない。

OBを定めるものは、杭に限らず、柵や壁も〝境界物〟。これらのものは、ローカルルールでも〝障害物〟扱いできないので、覚えておいてほしい。

One Point

OB杭を抜いてしまったら、打つ前に元に戻せば無罰となる

規則(8.1)

CASE 29

OB区域と気づかずに打ってしまった

状況 林の中で球を見つけ、そのまま打った。その直後、そこがOBゾーンだと判明。ペナルティーは……?

3 罰打

OBの前打地点に戻って打ち直し

処置 OBゾーンにあった初球は、すでにインプレーの球ではない。それを打った行為は〝誤球のプレー〟となる。

誤球の打数はカウントせず、2罰打のみを加算すればいい。そして、OBに打ち込んだショットを1罰打で打ち直せばOKだ。

注意してほしいのは、すでに暫定球を打っていた場合。拾い上げていなければ、誤球の処置だけでその暫定球でプレー続行できるが、拾い上げていると、さらに1罰打でリプレースとなる。

One Point

林の中では、前後のOB杭がどこにあるかをしっかり確認しよう

規則(6.3)

CASE 30

球を探していたらうっかり蹴飛ばしてしまった

状況 ラフに埋もれた球を探していたら、うっかり蹴飛ばしてしまった。どうすればいい?

0 罰打

元の位置にリプレース

処置 林の中の深いラフでは、慎重に探さないと、球を蹴飛ばしたり、踏んでしまうことがある。

旧規則では、自分の球を動かした場合は1罰打だったが、2019年の改訂で、無罰でリプレースできることになった。踏んで沈めてしまった場合も元の位置まで引き上げることになる。

これが同伴プレーヤーによるものなら、お互い無罰で球をリプレースするのは以前と変わっていない。球探しは、より大胆に進めてほしい。

One Point 確認のために球を拾い上げるなら、ラフでも必ずマークしてから行うこと

規則(7.4)

CASE 31

木に跳ね返った球が自分の身体に当たった

状況 林から脱出するつもりで打ったら、すぐ前方の木に当たり、跳ね返って自分の身体に当たった。

0 罰打

球が止まった位置からプレーを続行

処置 旧規則では、打球がプレーヤー自身とそのキャディー、その携帯品に当たった場合は、1罰打となっていた。

しかし、2019年の改訂により、そのいずれに当たっても無罰に変更となった。たしかに、プレー上の利益を得ようとして、故意に打球に当たりにいくような物好きはいないし、痛い思いをしてさらに1罰打では、踏んだり蹴ったりという感じだった。

ちなみに、同伴プレーヤーとそのキャディーに当たった場合も無罰だ。

One Point

跳ね返った球がクラブヘッドに当たっても、同様に無罰でプレー続行

規則（11.1）

CASE 32

斜面で杖代わりにしたクラブが折れてしまった

状況 ラフの斜面がきつかったので足が滑り、杖代わりにしていたクラブに体重がかかってしまい、折れてしまった。

0 罰打

応急修理や取り替えもできる

処置 クラブは、ラウンド中に損傷を受けた場合、乱暴に扱った結果でなければ、プレーを不当に遅らせることがない限り、無罰で修理を行うことができる。さらに、2023年の改訂により、他のクラブへの交換も認められるようになった。

今回のように、クラブを杖のように使って折れても、乱暴に扱ったわけではないので、修理も交換もOK。とはいえ、予備のクラブなどバッグに入っているわけがないので、ハーフターンなどで車のトランクやロッカーに取りに行く、といったところだろう。

規則（4.1）

POINT

プレー中、地面を叩いてシャフトが曲がったら?

プレー中、怒りにまかせてクラブで地面を叩き、シャフトが曲がっても使用を続けることができるようになった。ルール不適合状態だが、そのラウンド中は使うことが認められる。だが、マナー違反になる行為は慎んでほしい。

POINT

シャフトやヘッドのパーツ交換はできる?

プレー中、コース上にパーツを持ち運んで〝組み立てる〟ことはNGだが、ハーフターンでロッカーなどに置いてある予備シャフトやヘッドを〝組み立てる〟作業で交換することはOKだ。

POINT

折れたシャフトをスペアと替えられる?

シャフトをネジで留めるタイプのクラブでも、シャフトを替えれば別クラブへの〝交換〟とみなされる。2023年改訂ではそれも許されるようになったが、予備シャフトを持ち運び、ラウンド中に〝組み立てる〟ことは禁止されている。

CASE 33

ザックリしたら球がヘッドに2回当たった

状況 深いラフでザックリのミス。すると、ヘッドが草を抜ける途中で2回、球に当たり、打球は左のラフへ。

0 罰打
球の止まった位置からプレーを続行

処置 アプローチ、特にラフなどヘッドの動きが不安定になるライで〝2度打ち〟は起こりやすい。

ダフって球が弱く上がったところに、ヘッドがまた追いついて当たる。1985年の全米オープン最終日に陳志忠がやってしまい、優勝を逃したのは今でも語り草だ。

2019年の改訂で〝2度打ち〟は1打罰から無罰に変更された。偶然なら、3回以上当たっても、1ストロークとみなされるようになったのだ。

規則(10.1)

One Point ヘッドではなくシャフトなどクラブの一部が当たっても〝2度打ち〟

CASE 34

大ダフリして草ごと動いた球を打った

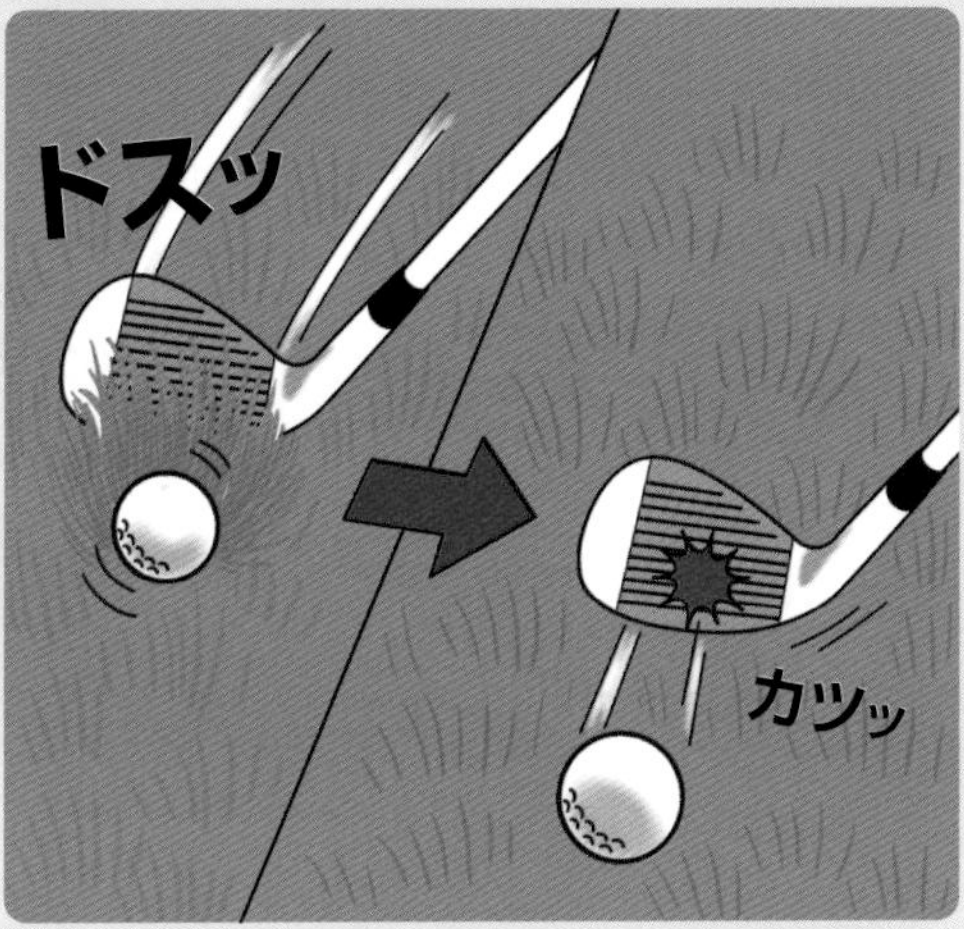

状況 大ダフリでヘッドが詰まったのに、ラフの球が前方に動いた。その直後にヘッドが抜けて動いている球を打った。

0
罰打

〝2度打ち〟として無罰でプレー続行

処置 花道からのアプローチでは、ザックリしてターフをめくり、ヘッドは当たっていないのに球を動かす、なんてことがある。同様に、ラフで上から打ち込みすぎると、今回のようなケースになることもある。

スイング中に、風などで動き出した球を打っても無罰だが、この場合は明らかにストローク動作が影響して、球が動き出している。クラブが当たったのと同じとみなし〝2度打ち〟と判断。つまり、無罰でいいのだ。

規則(10.1)

One Point

バンカーショットのように砂や草を噛んでも〝当たった〟と判断

状況 つま先下がりの斜面に止まった球が、突風のせいで動き出し、転がり落ちてOBラインを越えた。どうする?

CASE 35

突風のせいで球が転がりだしてOBに

1

罰打

前打地点に戻って打ち直し

処置 止まっていた球が風や水に動かされた場合、ホールに近づいても、逆に遠ざかっても、最終的に止まった地点から、無罰でプレーを続行しなければならない。

怖いのは、今回のようなケース。球がOBエリアに運ばれたら、そのままOBとなってしまう。球をリプレースすることはできないのだ。

残念だが、最後にショットした地点に戻り、1罰打を加算して打ち直さなければならなくなる。

One Point 風で動き出した球を、慌てて打ってはいけない。2罰打になる

規則(9.3)

CASE 36

ドロップして止まった球が風に動かされてOBに

状況 カート道路からの救済でドロップした球が、一旦ラフで止まったのに、風に吹かれて斜面を転がり落ち、OBに。

0 罰打

別エリアに転がったら元の位置にリプレース

処置 ドロップした球がそのまま止まらずにOBに転がり込んだ場合は無罰で再ドロップだが、1度止まってしまうとその球はインプレー。風でOBに運ばれたら、最後のショットで打ち込んだことになり、罰打加算で救済を受ける……というのが、旧ルール。

2023年の改訂で、ドロップ、プレース、リプレース後に自然の力で動き出した球が、他のエリアやOBに移動した場合、無罰で動き出す前の位置にリプレースとなったのだ。

規則(9.3)

One Point 動いた球が同一エリア内で止まった場合はそのまま。リプレースではない

CASE 37

ラフに浮いていた球がソールしたら沈んだ

状況 フカフカのラフに浮いていた球にアドレスし、ソールを地面に軽くつけた途端、球が半分ほど沈んだ。

1 罰打 元の位置にリプレース

処置 2016年の改訂で、アドレス後に球が動いても、プレーヤーが原因なのか不確定な場合は無罰となった。

しかし、明らかにプレーヤーが原因で動いた場合は、以前と変わらず1罰打を加算し、球はリプレースされなければならない。

今回のケースでは、ソールで地面を叩いたことが原因と判断するのが妥当。プレーヤー自身が動かしたといえる。このようなライでは、ソールを浮かしたままアドレスするのがオススメだ。

One Point 原因の判断によって球をリプレースするか否かが変わるので、慎重に

規則(9.4)

CASE 38

球の近くで素振りをしたら草が揺れて少し動いた

状況 球の近くで素振りをしたら、クラブが起こした風で草が揺れて、球が少し動いた。風で動いたから問題なし？

1 罰打 元の位置にリプレース

処置 風と水で球が動かされても、無罰でプレー続行。といっても、プレーヤーがタオルであおいで風を起こしたり、ペットボトルの水を流したりして球を動かしたら、話は別。当然プレーヤー自身が動かしたことになり、1罰打でリプレースとなる。

今回のケースでは、素振りで起こした風が草を揺らしている時点でアウト。プレーヤー以外に原因があるなどと言い訳はできない。ラフでは球が沈んでいない限り、素振りも慎重に。

One Point
素振りで球をかすめて動かしても、同じく1罰打でリプレース

規則（9.4）

CASE 39

木の枝を取り除いたら球が動いた

状況 球が落ちていた木の枝にくっついて止まっていた。慎重に枝を取り除いたが、球が少し動いてしまった。

1 罰打

元の位置にリプレース

処置 ジェネラルエリアに限らずコース内では、小石や木の葉、木の枝などのルースインペディメントは、無罰で取り除くことが許されている。

ただし、取り除く際に球を動かしてしまうと1罰打が加算され、リプレースしなければいけない。

たとえば落ちていた枝に球が挟まっていたとして、枝を動かせば球も動いてしまうような状況では、枝を取り除くことはできない。そのまま打つか、アンプレヤブルで処置することになる。

One Point

〝動かせる障害物〟を取り除く場合は、球が動いても無罰でリプレース

規則(15.1)

CASE 40

ドロップする場所の木の葉を取り除いた

状況 カート道路から救済を受けてドロップする前に、落下地点の木の葉を取り除いてきれいにした。問題ある?

0 罰打

ドロップ前に取り除いてOK

処置 ドロップする場所のルースインペディメントを事前に取り除くことは、違反とはならない。

2回ドロップして球が止まらず、プレースとなった時点でも、ルースインペディメントを取り除くことはできる。

これが許されないのは、グリーン以外で規則に従って球をリプレースする場合。ライを変えないのが原則なので、取り除くと1罰打が加算される。球を拾い上げる前か、リプレース後に取り除くぶんには無罰だ。

規則(15.1)

One Point

バラバラの土や砂は、ルースインペディメントではないので取り除けない

CASE 41

うっかり3回ドロップしてそのままプレーした

状況 カート道路からの救済で、ドロップしたら2回続けてホールのほうに転がり、3回目で止まった球をプレーした。

2 罰打

〝誤所からのプレー〟とみなされる

処置 ドロップした球が救済エリアに止まらなかった場合、再ドロップすることになるが、それは計2回まで。3度目はドロップではなく、2回目のドロップの落下地点にプレースとなる。

間違えて3回目にドロップした球を打つと〝誤所からのプレー〟となり、2罰打が加算。ただし、偶然でも2回目のドロップの落下地点に止まった場合は、ドロップとプレースの方法を間違えただけになり、1罰打で済む。いずれもプレーの訂正をする必要はない。

規則(14.3)(14.7)

One Point 打つ前なら、ドロップを取り消してプレースをやり直せば無罰で済む

CASE 42

ドロップする場所をマークしたティーペッグに球が当たった

状況 救済のニヤレストポイントをティーペッグでマークしておいたら、ドロップした球が転がって当たった。

0 罰打

再ドロップせずプレー続行

処置 救済を受けてドロップする場合、救済のニヤレストポイントと、クラブで測ったドロップすべき区域の限界を示す位置を、ティーペッグなどでマークすることはよくある。

さて、このケースのように、そのティーペッグに当たっただけで、ホール方向に近づいたのでなければ、再ドロップしてはいけない。

ティーペッグやコインなどの〝マークに使用中の小さな物〟にドロップした球が当たっても、プレー続行でいい。

規則(14.3)

One Point

着地後はどの用具に球が当たっても救済エリア内なら再ドロップは不要

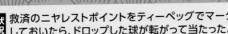

CASE 43

アンプレヤブルでラフの球をバンカーにドロップしたい

状況　斜面の木が邪魔でアンプレヤブルにする際、近くの平らなバンカーのほうが打ちやすそう。ドロップしていい?

1 罰打　バンカー内にドロップできる

処置　〝アンプレヤブル〟が無罰で受けられる救済の処置と大きく異なるのは、ジェネラルエリアにある球をバンカーにでもドロップできることだ。

無罰の救済処置では、障害を避ける意味合いからも他のエリアへのドロップは認めていない。

しかしアンプレヤブルなら、ホールと球を結んだ後方線上か、ホールに近づかない2クラブレングス以内のエリアなら、バンカーにドロップできる。

このケースのように、斜面のラフよりバンカーのほうが打ちやすいと判断したら、選ぶことができるのだ。

規則(19.2)

POINT

バンカー内から後方のラフにドロップできる?

2019年から2罰打で可能になった。ただし、最後に打った前打地点に戻る処置なら、1罰打でバンカー外に出られる。たとえば、パットやカラーからのアプローチが大オーバーしてバンカーに落ちた場合などに有効だ。

POINT

ラフからグリーンにドロップできる?

ホールに近づかなければOK。たとえばカラー際のラフに深く沈んだ球を、アンプレヤブルですぐ横のグリーン上にドロップできる。プレースではないので、間違えないように。

POINT

ペナルティーエリアにもドロップできる?

アンプレヤブルならOK。だが、池際のラフにドロップするはずが、池に落ちて打てなくなったらアウト。さらに1罰打で、最後に打った地点まで戻るしかない。境界線を最後に横切った地点がないので、他の処置はできない。

1罰打の加算でいろいろ便利に使えるんだね!

CASE 44

球が木の枝に引っかかって落ちてこない

状況 ティーショットが木を直撃。行ってみると木の枝に引っかかっており、打てそうもない。アンプレヤブルか……。

1 罰打 アンプレヤブルで真下を基点にドロップ

処置 枝に引っかかった球で厄介なのは、自分のものか確認できないと、見えていても紛失球となってしまうこと。

木を揺すったり、枝を叩いて球を落とすと、インプレーの球を動かす違反となるので、先に「自分の球だったらアンプレヤブルにする」と宣言しよう。

そうすれば球を落として確認し、自分の球だったら1罰打のみでアンプレヤブルの処置を取れる。

処置の基点は、球があった位置の真下。球が落ちた場所とかではない。

One Point 球の真下地点から、ホールに近づかない2クラブレングス以内にドロップ

規則(19.2)

CASE 45

見つかった球の確認が〝3分間〟を過ぎてしまった

状況 キャディーが捜索開始から3分以内で球を見つけてくれたが、プレーヤーが確認できたのは3分を過ぎていた。

0 罰打

〝発見〟が3分以内なら大丈夫

処置 球があると思われる場所に着いて、探し始めたらカウントダウンをスタート。3分間を過ぎて球が見つからなかった場合、紛失球となる。

このケースのように、諦めて前打地点や暫定球に向かう途中で、キャディーや同伴プレーヤーから3分以内に球を発見したことを告げられた場合は、戻って確認した時点が3分を過ぎていても大丈夫。〝発見〟された球の〝確認〟に向かうのに必要な時間は、3分間とは別に許されているのだ。

規則（18.2）

One Point

3分間を過ぎてみつかった球を打つと〝誤球のプレー〟で2罰打となる

CASE 46

谷底で見つけた初球を放棄して暫定球でプレーしたい

状況 初球が谷底で見つかったが、打つのは大変そう。放棄して、フェアウェイに飛んだ暫定球でプレーを続けたい。

0

罰打

初球でプレー続行かアンプレヤブルを

処置 暫定球を打った後、球を探さずに暫定球をプレーしていけば、自動的に初球は紛失球となる。

しかし、初球を見つけた時点で暫定球は無効。放棄しなければならない。これは、見つけたのがキャディーや同伴プレーヤーであっても同様だ。

OBのない谷底や林の奥に打ち込んでしまった場合、たとえ見つかっても打てそうにない、と判断したら、最初から暫定球を打つより、アンプレヤブルで打ち直したほうが得策といえる。

One Point 前打地点で暫定球かアンプレヤブルかを判断すると、戻らなくて済む

規則(18.3)

CASE 47

クラブヘッドの背面で左打ちをした

状況 木が邪魔で、右打ちのアドレスが取れない。思いついて左打ちにトライ。アイアンの背面で上手く打てた。

0 罰打

ヘッドなら背面で打っても構わない

処置 木が邪魔で、普段とは逆の左打ちを試したくなる場面というのは、経験しているゴルファーは多いはず。

だが見ていると、それで空振りしてしまう人も結構いる。クラブフェースに当てようと、トウを下にして構えるため、普段とクラブの挙動が変わりすぎるためだろう。

ポンと当てて出すだけなら、アイアンの背面で打つのがオススメだ。クラブヘッドで打つ限り、どの面で当てても違反にはならない。

One Point

出すだけなら、パターも有効。でもアンプレヤブルを使うのが一番確実

規則(10.1)

CASE 48

ラフで紛失したか池ポチャかわからない

状況 ティーショットが池方向に。行ってみると、池の周りの深いラフに埋もれているか、池ポチャかはっきりしない。

1 罰打 紛失球となり戻って打ち直し

処置 池の近くに飛んだ球が見つからないと、なんとなく池ポチャと判断してしまいがちだが、それはNGだ。

池に入ったのが見えなかった場合、水しぶきや音があっても、入ったと判断することは許されない。水面で跳ねた可能性もあるからだ。

このケースのように、ラフに囲まれた池では、そのラフにつかまっている可能性がある限り、池に入ったとは認められない。紛失球として、1罰打で前打地点から打ち直すことになる。

One Point 1罰打で前打地点から打ち直すのは池ポチャでもOK。オールマイティだ

規則(18.2)

CASE 49

同伴プレーヤーに距離と方向を確認した

状況 ラフからブラインドの打ち上げだったので、同伴プレーヤーにグリーンの方向と、残り距離を教えてもらった。

0 罰打

〝周知の事実〟は教えても大丈夫

処置 同伴プレーヤーとはラウンド中の〝アドバイス〟は禁止されているが、グリーンのある方向を示すことや、2点間の距離、たとえば自分の球からコース上のものの位置との距離などは〝周知の事実〟として情報を交換することが認められている。

ただし、2023年の改訂で、方向や目標を定める援助となる物、たとえばクラブやヘッドカバーなどを置いてはいけなくなった。事前に取り除いても、2罰打となるので要注意だ。

One Point 同伴プレーヤーだけでなく、そのキャディーに教えてもらっても大丈夫

規則（10.2）

CASE 50

フェアウェイの水たまりに球がはまっていた

状況 雨上がりのラウンド。セカンド地点に行ってみると、水たまりの中に球がはまっていた。救済方法は?

0 罰打

水たまりを避けてドロップできる

処置 水たまりは〝一時的な水〟であり、ペナルティーエリアではない。無罰で救済を受けられる。

ホールに近づかず、水たまりを避けられる最も近い位置が〝完全な救済のニヤレストポイント〟となる。そこを基点に、ホールに近づかない1クラブレングス以内のエリアにドロップすればいい。

ちなみに、水たまり内で球を紛失した場合は〝球が最も外側の縁を最後に横切った地点〟に球があるものとして処置することになる。

One Point 水たまりから拾い上げた時点で、球は拭くことができる

規則(16.1)

CASE 51

ベトベトのぬかるみに球が止まった

状況 雨の翌日のラウンド。球の周辺に水は浮いていなかったが、ベトベトにぬかるんでいた。救済は受けられる?

0 罰打

あるがままでプレーを続行

処置 ぬかるみは、水たまりとは違うのだろうか? 実は〝一時的な水〟の定義の中で、明確に区分されている。

違いは〝スタンスを取る前や、取った後に水がはっきり見える〟こと。湿っぽい雰囲気や、単に地面が濡れているだけではダメ。靴底に泥がつく程度でもダメなのだ。

無理に強く踏み込んだり、片足に体重をかけて水が浸み出てきたとしても〝一時的な水〟とは認められない。ぬかるみとしてプレー続行だ。

One Point

球に付着した芝草や泥も取ってはいけない。1罰打になる

規則(16.1)

CASE 52

フェアウェイに打球がめり込んでしまった

状況 梅雨の晴れ間のラウンド。セカンド地点に行くと、ティーショットの打球がフェアウェイに半分めり込んでいた。

0 罰打

球を拭いてドロップできる

処置 雨などで地面がゆるむと、打球が勢いでめり込んでしまうこともある。

2019年の改訂により、ジェネラルエリアでは、打球の一部が地表面より下にくい込んだ場合は、ラフでも無罰で球を拾い上げて拭き、元の位置の直後を基点として、ホールに近づかない1クラブレングス以内の救済エリアにドロップすることが許されている。

ただし、ドロップの前に球を抜いた穴を直すと〝ライの改善〟とみなされてしまう。要注意だ。

規則(16.3)

One Point ドロップして元の穴に戻っても、再ドロップはできるので大丈夫

CASE 53

アイアンで上から叩いたら球が地面にめり込んだ

状況 向かい風の中、フェアウェイでアイアンを打ち込んだらトップしてしまい、球が地面にめり込んでしまった。

0 罰打

あるがままでプレーを続行

処置 球がフェアウェイやラフにめり込んだら、すべて救済を受けられる、というわけではない。

無罰で救済を受けられるのは、打球がその勢いで、自ら地面に作った穴(ピッチマーク)にくい込んだ場合だけで、このケースのように、クラブで叩いてめり込ませた場合には適用されない。

急な左足上がりの斜面でもトップ気味に叩いて球をめり込ませてしまうことがあるが、いずれの場合も球が空中に上がらなかった時点でアウトだ。

規則(16.3)

One Point

どうしても打てそうになければ、アンプレヤブルにするしかない

CASE 54

修理地内で探していた球をうっかり蹴飛ばした

状況　修理地のラフに入った球を探していて、うっかりプレーヤー自身が蹴ってしまった。ペナルティーになる?

0　罰打

リプレースかそのまま救済処置に

処置　修理地内に限らず捜索中の球は、うっかり動かしても無罰で済む。

原則的にはリプレースすることになるが、先に球がリプレースされるべき位置を基点として、修理地からの〝完全な救済のニヤレストポイント〟を決め、修理地外にドロップすることもできる。

また、修理地はOBではないので、そのままプレーすることもできる。ただし、コース保護の観点から、競技規定でプレー禁止区域と指定されている場合もある。よく確認してほしい。

One Point　修理地内の木がスイングの邪魔になれば、修理地外でも救済を受けられる

規則(16.1)

CASE 55

修理地にかかる水たまりに球が入った

状況 修理地と水たまりが重なり合った場所に球が止まっていた。救済を受けるとして、どちらの処置が優先になる?

0 罰打

どちらを優先しても大丈夫

処置 単純に、両方の障害を避けられる場所に〝完全な救済のニヤレストポイント〟を決めればいいと考えやすいが、そうはいかない。

いずれか一方の救済を受けた後、改めてもう一方の救済を受けなければならない。水たまりだけで判定するニヤレストポイントと、修理地だけのそれでは、違う場所になるはず。その順番によって、最終的にドロップする場所も変わる。だが、順番は自由に選べるので、より良いルートを探すべきだ。

規則(16.1)

One Point どちらか一方の救済を受けただけで、プレーを続行してもいい

CASE 56

修理地から伸びている木の枝に球が止まった

状況 修理地に生えている木の枝に球が止まったが、枝自体は修理地の白線の外。無罰で救済か、アンプレヤブルか?

0 罰打

修理地からの救済を受けられる

処置 境界線で仕切られたエリアでも、OBの場合は垂直上方まで含まれる。そのため、修理地の白線より外側にある枝は、そのエリアではないと勘違いしやすい。

しかし〝修理地〟の定義では、境界線内の地面と、そこの生長物が修理地の一部であるとされている。つまり、枝が白線の外に伸びていても、修理地の一部に変わらないのだ。

修理地とその木による障害を避ける救済を、無罰で受けることができる。

One Point 修理地の救済処置なので、基点から1クラブレングス以内にドロップ

規則(16.1)

CASE 57

イノシシが掘った穴の中に球が止まった

状況 林の中で球を探していると、犬かイノシシが掘ったような穴の中に止まっていた。救済を受けられる？

0 罰打

修理地などと同じ処置ができる

処置 モグラなど〝穴掘り動物〟が作った穴はもちろん、2019年からは動物（人間以外）の掘った穴は〝異常なコース状態〟とみなされ、無罰で救済を受けられるようになった。

問題は、球が穴の奥に入ってしまった場合だろう。入ったのが確実に見えていても、穴が蛇行していたり、深すぎて位置を確認できないかもしれない。

その場合は、穴の入り口を最後に横切った地点から〝完全な救済のニヤレストポイント〟を決定して処置すればいい。

規則（16.1）

One Point 地中の球の位置が判明したら、その真上が救済エリアの基点となる

CASE 58

「マムシ注意」の立札がある林に打ち込んだ

状況 打球は大きく曲がって林へ。行ってみると「マムシ注意」の立札が。アッ、本当にマムシが球のそばにいる……。

0 罰打
安全な場所にドロップできる

処置 マムシやスズメバチといった危険な生物が球に密接した状況からプレーすることは極めて不合理だ。〝公正の理念〟により、このような状況では無罰で救済が受けられる。危険がない、ホールに近づかない最も近い地点から1クラブレングス以内に、別の球をドロップすることができる。

ただし、注意書きや立札だけで判断してはいけない。実際にマムシが球に絡むなど、明らかに危険な場合のみ。同伴プレーヤーにも確認してもらおう。

One Point マムシが見えなくても不安なら、アンプレヤブルで逃げる手もある

規則(16.2)

CASE 59

近くで落雷があったので自らの判断でプレーを中断した

状況 近くで落雷があり、同伴プレーヤーはプレーを続行していたが、自分だけプレーを中断して避難してしまった。

0 罰打

落雷の危険を感じたらプレー中断は認められる

処置 雷は非常に危険なもの。ゴロゴロと鳴ったら、すぐ避難するのが賢明だ。原則としてプレーヤーが勝手にプレーを中断することはできないが、もちろん例外はある。それがこのケースになる。

コンペや競技会に参加しているときでも同じ。競技委員会が中断の指示を出していなくても、プレーヤー自身が危険を感じたら、プレーを止めて構わない。雷雲は遠そうでも、すぐに近づいてくる。速やかに避難しよう。

One Point
落雷の恐れがあるときは、高い木から4m以上離れて、姿勢を低く！

規則（5.7）

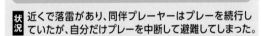

CASE 60

残雪の中に球が潜ってそのまま打てない

状況 冬のラウンド。木の下に打ち込んだ球が、残雪に埋もれてしまった。球は見つけることができたが、処置は?

0 罰打

雪は2通りの処置ができる

処置 雪は〝一時的な水〟として扱っても〝ルースインペディメント〟扱いでも構わない。

〝一時的な水〟として扱うなら、水たまり同様、無罰で障害を避けられる場所にドロップできる。

ルースインペディメント扱いなら、木の葉同様、取り除ける。これはペナルティーエリア内でもOKだ。

雪の中にあるのが〝わかっているか、ほぼ確実〟なら球を見失っても無罰で〝一時的な水〟の処置が取れる。

One Point 雪の中に入ったのが確実ではなく、見失った場合は紛失球となる

規則(15.1)(16.1)

CASE 61

転がった球が霜にくるまれた

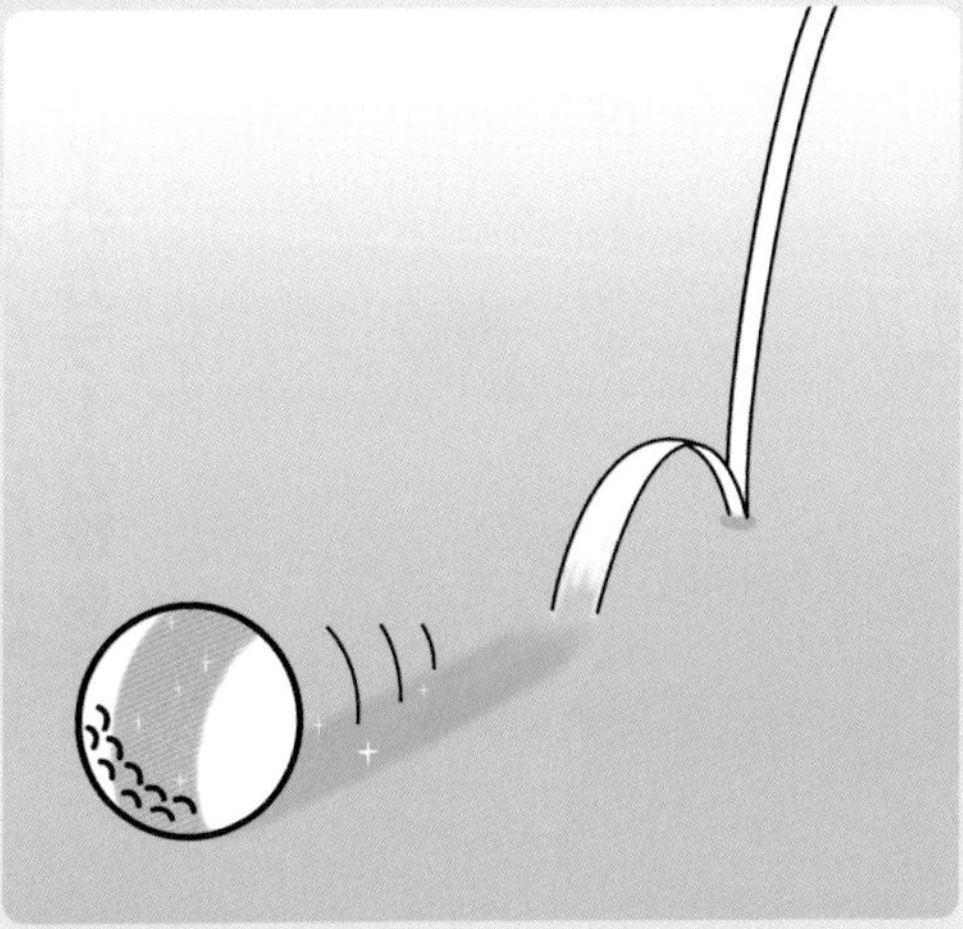

状況 冬の早朝ラウンド。フェアウェイを転がった球が、霜にくるまれてしまった。そのまま打つしかない？

0 罰打

あるがままでプレーを続行

処置 雪と異なり、霜と露は〝一時的な水〟ではないし〝ルースインペディメント〟でもない。つまり、無罰での救済は受けられない。球が霜にくるまれても、グリーン上でマークして拭くまでは、何もできないのだ。

これが残雪にくるまれた場合だったら〝一時的な水〟の〝上に乗っている〟という判断で、無罰で拾い上げて拭くことができ、残雪を避ける〝完全な救済のニヤレストポイント〟を決めて、救済エリアにドロップできる。

One Point

霜と一緒に付着した、切れた芝草を取り除くのも1罰打となる

規則（16.1）

CASE 62

サブグリーンに立ってそのカラーの球を打った

状況 サブグリーンのカラーに止まった球を、パターで打った。スタンスがサブグリーンの上だったが、問題なし？

2 罰打

スタンスだけでもかかってはいけない

処置 日本には四季があるため、夏場と冬場にそれぞれ強みがある芝を使った2つのグリーンを有するコースは多い。使用しないほうのサブグリーン（予備グリーン）はルール上〝目的外グリーン〟として扱われる。

〝目的外グリーン〟に止まった球はプレーしてはいけない。完全な救済のニヤレストポイントを決め、その1クラブレングス以内の救済エリアに無罰でドロップすることになる。

2019年からはスタンスや、スイングの区域がかかるだけでも救済を受けなければならなくなった。

規則（13.1）

POINT

サブグリーンのカラーにスタンスがかかったら?

カラーはグリーンと同じ芝種であってもグリーンには含まれず、ジェネラルエリア。フェアウェイと同様にプレーすることができる。勘違いしてドロップすると〝誤所からのプレー〟となり2罰打になるので要注意だ。

POINT

サブグリーン上の球をそのまま打ったら?

〝目的外グリーン〟に止まった球をプレーすると、2罰打加算でプレー続行となる。テレビ中継などでプロが打っている場面を見ることもあるが、その場合は競技規則で〝ジェネラルエリア〟扱いとなっているはずだ。

POINT

ローカルルールでカラーも〝修理地〟になっていたら?

コース保護の観点から、サブグリーンのカラーに立つことも禁止するために〝プレー禁止の修理地〟とローカルルールで決めるコースもある。その場合も、救済のドロップが不可欠だ。

サブグリーンは
打たない、立たない、
ドロップあるのみ!

CASE 63

泥だらけの球を確認のためゴシゴシ拭いた

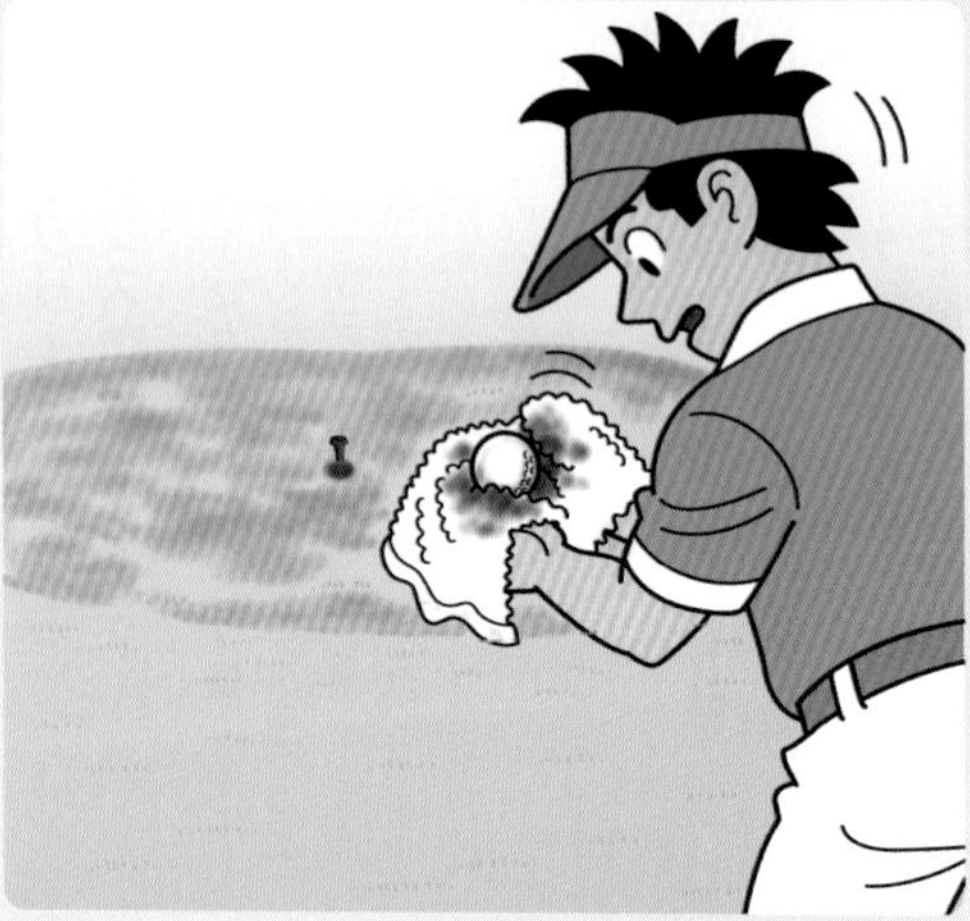

状況 ぬかるみにある球が泥だらけだったので、確認のためにマークして拾い上げ、タオルで泥を拭き取った。

1 罰打

そのままリプレースしプレーを続行

処置 球の確認のために球を拾い上げることは許されているが、それには条件がある。

まず、その球の位置をマーク。2019年からは同伴プレーヤーの立ち会いが不要になったので、自分の意思だけで拾い上げとリプレースができる。

さて、球を確認のために拭けるのは、必要最小限の部分だけ。必要以上に拭いてしまうのは違反であり、1罰打を加算することになる。指先で少しずつ除くよう、注意してほしい。

One Point 球を拾い上げる際に握り込んで、泥を必要以上に落としてしまうのもNG

規則(7.3)

CASE 64

水たまりの球を打つ前にソールが水面に触れた

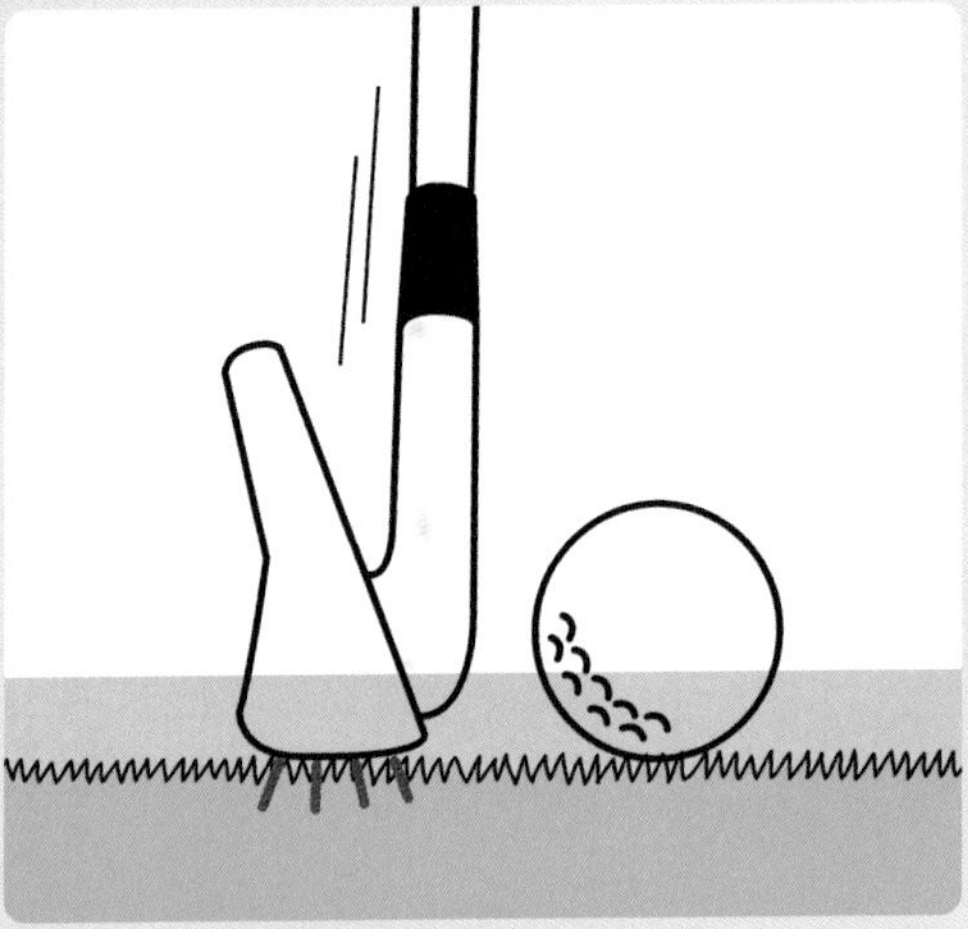

状況 球は水たまりにあったが、打てそうだったのでアドレスしたら、クラブのソールが水面に触れた。

0 罰打

〝一時的な水〟はソールしても問題なし

処置 水たまりはコース上のどこにあるかに関わらず、クラブが水面に触れても構わない。ジェネラルエリアであれば、水面の下の地面にソールしてもまったく問題ない。

これはバンカー内の水たまりでも同様で、水面だけならソールが触れても無罰。ただし、その下の砂面に触れてはいけない。

気をつけてほしいのは、水面をクラブが揺らして球が動いた場合。1罰打でリプレースとなるので、慎重に。

One Point アドレスで球を動かしてから、救済の処置を取っても1罰打は消えない

規則(16.1)

CASE 65

ドロップ後にカート道路に足がかかったまま打った

状況 カート道路に止まった球を、救済を受けてドロップ。スタンスがカート道路にかかったが、気にせず打った。

2 罰打

〝誤所からのプレー〟だが打ち直さなくていい

処置 カート道路は〝動かせない障害物〟なので、そこに止まった球は無罰で救済を受けられる。

だが、救済を受けてドロップした後で、スタンスが道路にかかるようなら〝元の状態による障害がある場所〟に球が止まったとみなされ、再ドロップしなければならない。

そのまま打つと〝誤所からのプレー〟となる。ただし、重大な違反とはならないので、2罰打を加算するだけ。訂正プレーは必要ない。

One Point 〝完全な救済のニヤレストポイント〟は、スタンスもかからない位置で

規則(14.7)(16.1)

CASE 66

打球がカート道路に当たって割れた

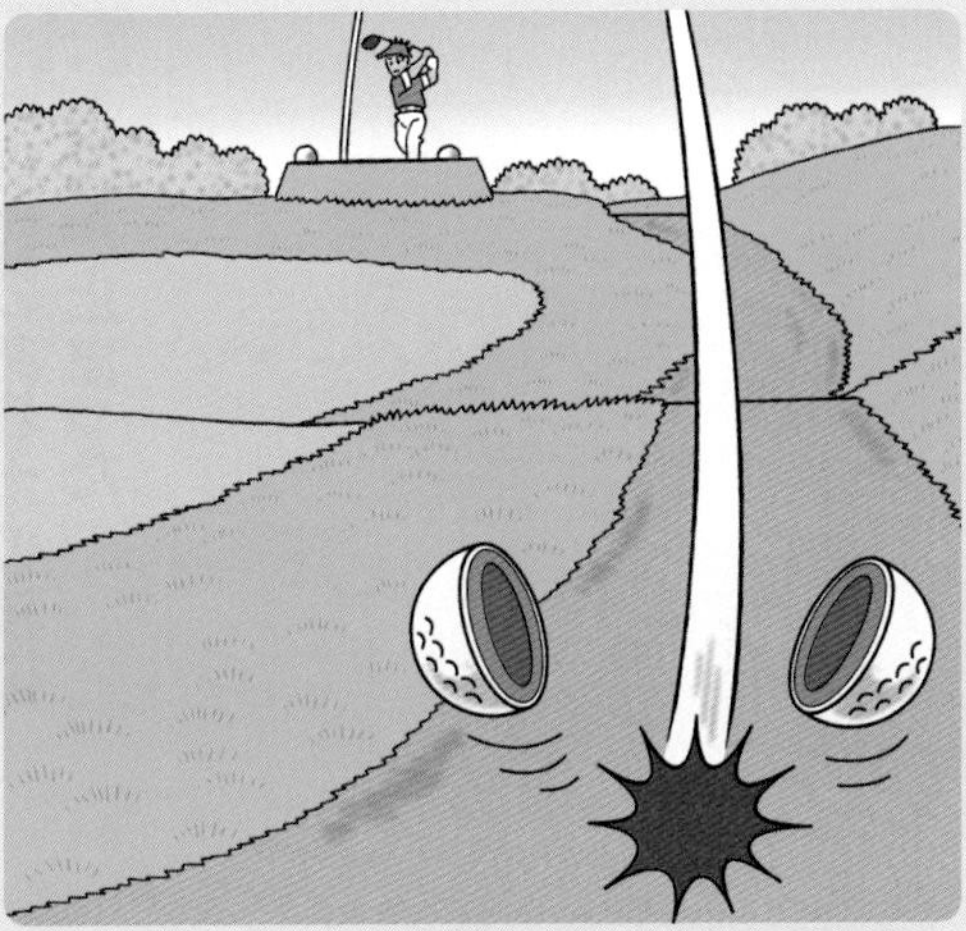

状況 ティーショットがカート道路を直撃。すると球が2つに割れた。大きいカケラのほうを別の球に取り替える?

0 罰打

ショットを取り消して打ち直す必要がある

処置 打った結果として球が〝割れる〟というのは、傷やヒビが入るのとは別物。そのショットは取り消され、無罰で別の球で打ち直さなければいけない。

〝打った結果〟となると、インパクト時点で割れている必要がありそうだが、このケースのように、カート道路に当たって割れた場合も含まれるのだ。

この場合、球の取り替えについて同伴プレーヤーの承認は必要ないが、誤球を避けるために球のブランドや番号は告げてほしい。

One Point

ティー以外からの打球が割れた場合は、前打地点にドロップして打ち直し

規則(4.2)

CASE 67

支柱のある木の枝に球が止まった

状況 支柱がある木の低い枝に球が止まった。そのまま打てないこともないが、支柱で救済を受けられるかも?

0 罰打

あるがままでプレー続行

処置 支柱は〝動かせない障害物〟だが、このケースで支えているのは幹であって枝ではない。支柱はスイング区域には何も影響していないので、救済を受けることはできない。

ただし、枝上の球を打とうとして、合理的なアドレスを取る際に、どうしても支柱がスタンスの邪魔になるといった場合は、無罰で救済を受けることができる。その場合は、ホールに近づかず、支柱の障害を避けられる地点に〝完全な救済のニヤレストポイント〟を決める。

規則(16.1)

One Point そのまま打つ場合は、アドレスで枝葉に触れて球を落とさないように注意

CASE 68

木の根に球がくっついたが支柱もスイングの邪魔になる

状況 木の根に球がくっついて打てそうになかったが、支柱もスイングの邪魔になるので、無罰で救済を受けられる?

1 罰打 アンプレヤブルにするしかない

処置 支柱などの〝動かせない障害物〟からの救済は、受けられなくなる条件がいくつかある。

その1つに〝動かせない障害物以外のものによる障害のためにストロークすることが明らかに無理な場合〟というのがある。

今回のケースのように、支柱がなくても打てない、という場合はその救済を得られないのだ。

この状況では諦めて、1罰打でアンプレヤブルにするしかないだろう。

One Point

カート道路にスタンスがかかる場合なども、同様の判断となる

規則(16.1)

CASE 69

左打ちアドレスで救済を受けた後で右打ちをした

状況 木を避けるには左打ちしかないが、カート道路にスタンスがかかり、救済を受けたら右で打てるようになった。

0
罰打
左打ちが〝合理的〟なら認められる

処置 普段と違う打ち方で〝動かせない障害物〟から救済を受けるのがフェアかどうかは、その〝合理性〟が問題となる。普段の打ち方ができるのに、悪いライから救済を受けるために、違う打ち方を行うのは認められない。

今回のケースでは〝木が邪魔で普段の右打ちはできないが、左打ちなら打てる〟ということで、左打ちの選択は〝合理的〟と認められる。その救済のドロップ後、状況が変化して右打ちにしても、まったく問題ないのだ。

One Point 右打ちを選択し、またカート道路が障害になったら、再度救済を受けられる

規則(16.1)

CASE 70

OB杭の外の金網がスイングの邪魔になる

状況 OB杭の近くに止まった球を打とうとしたら、OB杭の外の金網が邪魔でバックスイングが取れない。

1 罰打
アンプレヤブルにするしかない

処置 金網は、OB杭よりコースの内側にあれば〝動かせない障害物〟だが、外側になると別物。金網に限らず、壁などの人工の物件はすべて〝障害物〟ではなくなるのだ。

ちなみに、OBの外側だけでなく、ちょうど境界となるように設置された金網や柵も〝障害物〟ではない。

今回のケースでは、どうしてもスイングできるスペースが取れないのであれば、1罰打を加算してアンプレヤブルにするしかない。

規則(16.1)

One Point
OB杭より内側に設置された防護ネットなどは〝動かせない障害物〟

CASE 71

スプリンクラーからの救済でグリーン上にドロップした

状況 スプリンクラーからの救済で、1クラブレングス以内にグリーン面があったので、そこにドロップした。

0 罰打

グリーン外にドロップをやり直す

処置 球がジェネラルエリアにあり、スプリンクラーなどの〝動かせない障害物〟や〝修理地〟などから、無罰で救済を受ける場合はグリーンなど他のエリアにはドロップできない。

このケースでは、間違った場所にドロップしたことになるので、やり直しをすれば無罰で済む。そのままプレーを続行してしまうと、2罰打になるので要注意だ。

ちなみに、カラーはグリーンではないのでドロップできるが、そこからグリーン上に球が転がって入った場合は再ドロップとなる。

規則(16.1)

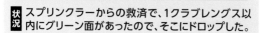

POINT

グリーン上にドロップできるのは？

グリーン外からグリーン上にドロップできるのは、レッドペナルティーエリアからのラテラル救済の場合。球が最後に横切った地点から2クラブレングス以内で、ホールに近づかない救済エリアであれば、ドロップできる。

POINT

グリーン上に落とした球が転がって外に出たら？

2019年から、罰打のある救済では、救済エリアはコース内の他のエリアからも選べるが、ドロップした時に最初に触れたのと同じエリアに留まらなければ、再ドロップとなる。

POINT

アンプレヤブルでもグリーン上に落とせる？

1罰打加算のアンプレヤブルも、グリーン上へのドロップに対する制限はない。たとえばカラー際のラフに球が沈み込んで打てない場合、ホールに近づかない2クラブレングス以内のグリーン上へのドロップも可能だ。

グリーンに
ドロップできるのは
1罰打のものだけ！

CASE 72

キャディーが持っているレーキに球が当たった

状況　バンカーショットをシャンクし、キャディーが持っていたレーキに当ててしまった。ペナルティーになる?

0 罰打

キャディーが運ぶ用具とみなされる

処置　2019年からキャディー自身や、キャディーが運んでいるクラブなどの用具に打球が当たっても無罰となったが〝動かせる障害物〟であるレーキはどうか。〝コース保護のために使用する物〟でもあるレーキは、プレーヤーかキャディーが手にしている場合は用具とみなされ、やはり打球が当たっても無罰となるのだ。

ただし、キャディーが故意にレーキを当てて打球の方向を変えたりした場合は、もちろん2罰打となる。

One Point　ただ置いてあるレーキに打球が当たっても、無罰でプレー続行

規則(11.1)

CASE 73

ビニール袋の上に球が止まった

状況 セカンド地点に行ってみると、どこからか風で運ばれてきたらしいビニール袋の上に球が乗っかっていた。

0 罰打

球のあった位置の真下を基点にドロップ

処置 ビニール袋は〝動かせる障害物〟なので無罰で取り除くことができる。しかし、確実に球は動いてしまうが、リプレースとなると、袋の厚みだけ宙に浮くことになるので不可能だ。

そこで、球が〝動かせる障害物〟の上や中に止まった場合は、リプレースではなくドロップとなる。

球のあった所の真下と推定する地点を基点とする、1クラブレングス以内の救済エリアにドロップすればOK。

ちなみに、そのまま打っても無罰だ。

One Point

間違えてプレースした場合は、打つ前に訂正すれば無罰。打つと2罰打だ

規則（15.2）

CASE 74

排水路の中に球が入ってしまった

状況 ラフを通る排水路に球が入った。黄杭はなく、ローカルルールで“動かせない障害物”とされていた。処置は?

0 罰打

“動かせない障害物”からの救済処置を行う

処置 排水路は本来、ペナルティーエリアに含まれるのが妥当だ。ただし、コンクリート製のU字溝で、常時水が流れているわけではないような所では、ローカルルールで〝動かせない障害物〟に指定しているコースは結構ある。

〝動かせない障害物〟なら、無罰で救済を受けることができる。単純に、カート道路と同様に〝完全な救済のニヤレストポイント〟を決め、ホールに近づかない1クラブレングス以内の救済エリアにドロップすればいい。

規則(16.1)

One Point 多少水が流れていても、ローカルルールの指定どおりに扱えばいい

CASE 75

レーキをどかして動いた球が斜面に止まらないので押しつけた

状況 球が寄りかかっていたレーキをどけたら、球が動いた。リプレースしても止まらないので、グッと押しつけた。

2 罰打

打つ前に訂正すれば無罰

処置 レーキは〝動かせる障害物〟なので、それを取り除く際に球が動いても無罰でリプレースすればいい。

だが、斜面などでどうしても元の位置に球が止まらない場合がある。そんな場面では、つい地面に球を押しつけたくなるが、それはＮＧ。プレーに影響を及ぼす〝物理的条件〟を変えたことになり、そのまま打つと2罰打だ。

正しい処置は、ホールに近づかず、球が止まる最も近い場所にプレース。これなら無罰で済む。

One Point

グリーン上で、風で揺れる球をリプレース時に押しつけて止めるのもダメ

規則(8.1)(15.2)

CASE 76

再ドロップが足に当たったのでプレースして打った

状況 救済のドロップをしたら、ホールに近づいたので再ドロップ。今度は足に当たったので、プレースして打った。

2 罰打

〝誤所からのプレー〟でそのままプレー続行

処置 再ドロップが有効にならなければ、次はプレース、と思い込んでいると、思わぬペナルティーがつく。

ドロップした球が、着地前にプレーヤーの体や用具に触れた場合は再ドロップだが、実はこの回数には制限がない。初回にせよ再ドロップにせよ、ノーカウントでいい。

2019年からは、このケースのように着地後に偶然足に当たっても、救済エリアに球が留まればドロップ完了。すでにインプレーとなった球を拾い上げてプレースしたことで〝誤所からのプレー〟となるのだ。

規則（14.3）

POINT

ドロップのやり方を間違えた場合は？

旧式の肩の高さから落としたり、ヒザを曲げて低い位置から落としたりした場合は、訂正すれば無罰。訂正せずストロークすると、正しく救済エリア内にドロップしていても1罰打となる。プレーはそのまま続行していい。

POINT

着地したコースエリアと違うエリアで留まったら？

たとえば救済エリアがジェネラルエリアとグリーンにまたがることもある。その場合、最初に着地したエリアに球が留まらなかった場合は再ドロップ。違うエリアのまま打つと、2罰打だ。

POINT

アンプレヤブルで元の場所に転がったら？

アンプレヤブルでラテラル救済を選択すると、救済エリアの基点は元の球の位置。着地後の転がりによっては元の場所に戻ってしまう可能性もあるが、救済エリアを外れない限り再ドロップはできない。要注意だ。

CASE 77

バンカーの土手の上で砂を払ってからドロップ

状況 スプリンクラーからの救済でバンカーの土手の上にドロップ。その前に、ドロップする場所の砂を払いのけた。

2 罰打

そのままドロップしプレーを続行

処置 グリーンに上がったバンカーの砂を取り除く習慣がついていると、ついカラーやグリーン周りのラフでも足などで払ってしまいがちだが、それはＮＧ。球の〝ライの改善〟となり、２罰打を加算することになる。

ドロップする場所にある木の葉などのルースインペディメントは取り除くことができるが、砂やバラバラの土は、グリーン上以外ではルースインペディメントではない。つまり、取り除いてはいけないのだ。

One Point 砂を足で踏み込んで芝草の間に沈めたり、ならしたりするのもダメ

規則(8.1)

PART 4
ペナルティーエリア

CASE 01

黄杭に囲まれた池にグリーン側から戻って入った

状況 グリーン手前の池に、向こう側の斜面に落ちた球が戻って入ってしまった。救済のドロップはどこでする？

1
罰打

最後に境界線を横切った場所が基点

処置 黄杭で示されるイエローペナルティーエリアに球が入った場合の救済処置は、原則的に2つしかない。ただし、川などの赤杭で示されるレッドペナルティーエリアの場合は、ラテラル救済の処置が増える。日本では便宜的に、川でなくても〝レッド扱い〟にしているコースは多い。

救済処置は、杭を結んだ境界線を最後に横切った地点がポイント。ホールとその点を結んだ後方線上にドロップすればいい。

One Point
処置で迷ったら、OB同様、最後に打った所から1罰打で打ち直せばOK

規則（17.1）

CASE 02

グリーン奥のバンカーから手前側の池に打ち込んだ

状況 グリーン奥のバンカーからのショットを大オーバー。グリーン手前側の池に入れてしまった。どう処置する?

1 罰打 バンカーから打ち直してもいい

処置 こういったケースの池ポチャで気をつけたいのは、打球が池の境界線を横切った地点、つまりグリーン寄りにドロップしたがること。

もしレッドペナルティーエリアでなければ(黄杭)、この処置自体取れない。誤所からのプレーとなり2罰打を加算して訂正しなければならなくなる。

また、正しい処置の後方線上を選んでドロップしても、池越えになる。バンカーから打ち直すのが、一番の得策かもしれない。

One Point 赤杭でも、グリーン寄りはホールに近づくミスの危険性大

規則(17.1)

CASE 03

クラブを使って水中の球を探した

状況 池の水が濁っていたので、クラブを入れてかき回したら、球が浮いて確認できた。あっ、球を動かした……。

0 罰打
球を探しているときに動かしても問題ない

処置 球を探すために、クラブやその他のものを水中に入れることは許されている。

また、その際にたまたま球を動かしてしまっても、ペナルティーはない。リプレースするのが原則だが、その後の救済処置を受けてドロップするために、そのままクラブを使って球を拾い上げても問題ない。

ただし、浅瀬の打てるライに意図的に動かしたりすると2罰打。リプレースしても1罰打となる。

One Point 水の中でリプレースした球はそのまま打つことを選んでもいい

規則(7.4)

CASE 04

水中にある球を確認のため拾い上げた

状況 池に入った球を見つけたが、自分のものか確証がなかったので、水の中から拾い上げて確かめた。

0 罰打

リプレースせず救済処置でもOK

処置 2008年に、それまで無罰だったペナルティーエリア内の誤球プレーが、ジェネラルエリアと同様に2罰打となったことを受けて、ペナルティーエリア内の球をマークして拾い上げて確認することを認めるようになった。

池や川など水の中の場合、直接マークするのが難しければ、少し離れた場所でもリプレースする箇所がわかるようにマークを工夫していい。確認後はリプレースして打ってもいいし、そのまま救済のドロップに続けてもいい。

規則（7.3）

One Point

2019年から同伴プレーヤーの立ち会い確認は不要になった

CASE 05

池近くで素振りしたらクラブが長い草に触れた

状況 黄杭内の水際のラフにある球をそのまま打とうと思い、素振りをしたら、何本かの長い草にヘッドが触れた。

0 罰打

ジェネラルエリアと同様に素振りできる

処置 ペナルティーエリア内でも、素振りで枯れ葉などのルースインペディメントや、草などの生長物にクラブなどで触れてもペナルティーはない。

ただし、注意したいのは球の周囲の草を刈ってしまうこと。〝スイング区域の改善〟とみなされると2罰打となってしまう。

また、ペナルティーエリア内でのソールもOKだが、ジェネラルエリア同様、地面にヘッドを押しつけて〝ライの改善〟とならないようにしてほしい。

One Point ペナルティーエリアでも素振りが地面に振れてもOK

規則(8.1)

CASE 06

救済エリアにドロップした球が偶然、後方線上に止まった

状況 池ポチャの救済処置で、うっかり後方線上を外してドロップ。でも止まった位置は後方線上だから、OK?

1 罰打

後方線上以外はすべてやり直し

処置 池ポチャの救済処置は、1罰打で黄杭で示された境界線を最後に横切った地点とホールを結んだ後方線上にドロップする方法を選択できる。

2019年の改訂では後方線上に基点を設けた救済エリア(イラスト参照)にドロップできたが、2023年の改訂で最初の接地点は後方線上のみとなった。止まった地点が後方線上でも関係ない。ドロップをやり直さずにプレーを続行すると、誤所からのプレーとなり2罰打が加算される。

規則(14.3)

One Point

線上の接地点から1クラブ以内ならホール方向に転がってもインプレー

CASE
07
ドロップをして打ったら池の外で初球が見つかった

状況 池ポチャと思い、適当に池の後方でドロップして打った。その直後にキャディーがラフで初球を見つけた。

3
罰打
直前のショット地点から打ち直し

処置 ラフの中の池などは、実際に入ったかどうかはなかなか確認できない。そのため、本来なら紛失球とすべきでも、前打地点まで戻りたくなくて、適当な処置を取るプレーヤーは多い。

今回のケースのように、ドロップして打った後に初球が池の外で見つかった場合、本来なら紛失球の処置が必要だったことがわかる。つまり、ドロップの位置を間違えた〝誤所からのプレー〟で2罰打となる。

紛失球の処置を取るための1罰打で計3罰打を加え、前打地点に戻ってプレーしなければいけないのだ。

規則（14.7）（18.2）

POINT

訂正せずにプレーを続けたら?

“重大な違反”がなければ訂正を免れることもできるが、今回のようなケースでは前打地点より池の近くのほうが大きなメリットを得られることが多い。“重大な違反”とみなされて、訂正しないと競技失格になる可能性が高い。

POINT

迷ったらどう処置するといい?

球が池に入ったことが明らかでない場合は、前打地点から打ち直すことが正解。ペナルティーエリアの処置としても、紛失球の処置としてもドロップ地点は変わらず、同じ1罰打で済む。

POINT

ドロップしてから打つ前に訂正したら?

ドロップ時点でインプレーになりそうだが、これは“適用できない規則に基づいて間違って取り替えられた球”となり、打つ前なら無罰でその球を放棄しなければならない。改めて初球でプレー続行できる。

CASE 08

赤杭にくっついて球が止まった。杭は抜ける?

状況 池方向に球が飛んだので行ってみると、幸いにも球は池の外。だが、すぐそばに赤杭が立っていて打てない。

0 罰打

赤杭は引き抜いて打ってもOK

レッドペナルティーエリア

処置 OBや修理地など、コースの限界や境界を示す杭はいくつかあるが、抜いたり動かしたりしてはいけないのは、原則としてOB杭だけ。

黄杭も赤杭も〝動かせる障害物〟なので、ショットの際に抜くことは許されている。もちろん、ショットの後は、元に戻さなくてはいけない。

もし、どうしても抜けなかったら?その場合は〝動かせない障害物〟として救済を受けることができるが、球がペナルティーエリア内の場合はNGだ。

One Point

球が杭に触れていたり、境界線にかかっていたらペナルティーエリア内

規則(15.2)(16.1)

CASE 09

水に半分沈んで揺れている球を打った

状況 池に打ち込んだが、行ってみると球が浅瀬に半分だけ沈んでいた。球は揺れ動いていたが、そのまま打った。

0 罰打

水中で動いている球は例外として許される

処置 通常、動いている球を打ってしまうと2罰打となるが、水中の球だけは別。揺れるだけでなく、転がっていても打つことは許されている。ただし、水に足を勢いよく突っ込むなど、自分で止まっていた球を動かす要因を作ると、1罰打でリプレースとなる。

川に落ちて、グリーン方向に近づくように移動している場合、打つことを多少は待つこともできる。ただし〝不当な遅延〟とみなされると罰打を受ける可能性もあるのでほどほどに。

規則(9.4)(10.1)

One Point 球が流れるほどの水流では、打つのは至難の業。救済を受けるのが無難

CASE 10

赤杭内にある球を打ったら池ポチャした

状況 赤杭内だが、水際のラフにあった球をそのままショット。だがダフってしまい、池の真ん中に打ち込んでしまった。

1 罰打 最後に境界線を横切る前の処置もOK

処置 せっかく池ポチャを免れたと思ったのに、結局次打で池ポチャ。水際はライが悪いことが多いので、こういったことは起こりやすい。

さて、救済の受け方だが、赤杭内なので4通りある。1つは、打った場所にドロップ。他の3つは、最後に境界線を横切ったショットを基準として、レッドペナルティーエリアの処置（p28参照）を行えばいい。

ありがたいことに、すべて1罰打でOK。赤杭内の中でザックリを繰り返しても、1罰打を加算すれば、赤杭の外にドロップできるのだ。

規則（17.2）

POINT

赤杭内から OBにしたら?

ＯＢなので、１罰打を加算して、ショット位置にドロップすればＯＫ。だがさらに１罰打を加えて、レッドペナルティーエリアの救済処置３通りを選択することもできる。その場合は、ショット位置にドロップする必要はない。

POINT

赤杭内でも ソールしていい

バンカーと違い、２０１９年から赤杭内の地面はソールしていいことになった。ルースインペディメントを取り除く行為も、すべてＯＫ。ただし、地面にくい込んだ球の救済はない。

POINT

赤杭を越えた球が 戻って池ポチャしたら?

ダフった球が池は越えたものの、対岸の斜面からまた赤杭を越えて池ポチャした場合。赤杭エリアの救済処置を取るなら、最後に境界線を横切った地点のみが変わるだけ。〝赤杭の外で最後に打った場所〟は変更なしだ。

CASE 11

赤杭の外にあふれ出た水の中に入った

状況 前日の雨で池の水が増量し、赤杭の外にあふれ出ていた。そこに止まった球の救済は無罰? 1罰打?

0 罰打

赤杭の外の水は水たまりと同じ

処置 池の水が増水したり、干上がったりしてもペナルティーエリアの範囲は変わらない。あくまでも示された境界線の中だけだ。

では、池の外にあふれた水の扱いは? 単に水たまり、つまり〝一時的な水〟とみなしていいのだ。

救済を受けて無罰でドロップしてもいいし、ライが悪くなければそのまま打ってもいい。水たまりなので、ソールしても近くの枯れ葉を取り除いても問題ない。

One Point 救済を受けると、汚れた球を拭けるメリットがあるのでオススメ

規則(16.1)

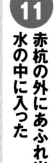

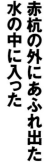

CASE 12

初球が池で見つかった！紛失用の暫定球で続けたい

状況 深いラフに飛んだので、紛失対策に暫定球をプレー。探したら初球は池に。深いラフにドロップしたくない……。

1 罰打

初球が池ポチャなのでその救済処置を取る

処置 〝暫定球〟はOBか紛失球のおそれがある場合しか打てない。初球が池ポチャでも、見つかった時点で〝暫定球〟は無効となる。

問題になるのは、今回のようなケースだ。初球が池ポチャなら、周辺の深いラフにドロップするより、ショットを打った位置に戻って打ち直したい。それなら〝暫定球〟と同じじゃないか、わざわざ戻らずにそのまま〝暫定球〟でプレー続行したい、という気持ちになりがち。だが、それはNGだ。

規則(18.3)

One Point

〝暫定球〟でのプレーは〝誤球〟となるので、絶対に続行禁止

CASE 13

川に落ちた球がOBに流された

状況 川に落ちた球が水流で勢いよく流され、OBラインの外に運ばれてしまった。赤杭エリアの救済はどうなる?

1 罰打

残念ながらOBとなる

処置 川に落ちた場合、通常なら球は停止し、レッドペナルティーエリアの救済処置を取ることができる、

しかし、球が水中を動き続け、OBの境界線を越えてしまえば、そこはもはやペナルティーエリアではない。

ジェネラルエリアで、風に吹かれて斜面を転げ落ちてOBに入った球と同様、OBとなってしまう。

水も風も〝外的影響〟ではないので、それらによって動かされたことに対する救済はないのだ。

One Point 逆に球がOBゾーンから流されて戻ってきた場合は、OBではなくなる

規則(9.3)

CASE 14

木の枝を取り除いた時に動いた球で救済を受けた

状況 赤杭エリア内の球を打とうと思い、くっついていた枝をどけたら球が動いた。救済を受けたらお咎めなし?

2 罰打

動かした1罰打に救済の1罰打を加算

処置 2019年からペナルティーエリアでもルースインペディメントを無罰で取り除けるようになったが、その際に球を動かしてしまうと、ジェネラルエリア同様に1打罰でリプレースとなる。

さて、このケースのように救済を受ける前だったらどうか。最初から救済を受けるために球を拾い上げる一連の行為なら無罰だが、それ以外ではやはり1罰打は免れない。続けて救済を受けるならリプレースの必要はなく、そのまま救済エリアにドロップしていい。

One Point

〝動かせる障害物〟の場合は無罰でリプレースとなる

規則(15.1)

CASE 15

斜面でドロップした球を足で止めてしまった

状況 川際の斜面にドロップしたら、転がって川に入りそうになったので、足を出して止めてしまった。再ドロップ？

2 罰打

故意に止めたらドロップをやり直す

処置 川や池は低い位置にあることが多く、周囲は斜面ということが多い。ペナルティーエリアの救済でドロップすると、斜面を転がってまた水の中へ落ちそうになることも結構ある。

そこで、キャディーや同伴プレーヤーに、球が水没しないよう水際で待ち構えてもらい、赤杭を越えた時点で止めてもらうのは構わないが、救済エリア内で転がっている球を意図的に止めてしまうのはNG。

2罰打となり、やり直しが必要だが、そのまま止まった位置（誤所）からプレーを続けても追加の罰打はない。

規則（14.3）

POINT

キャディーが止めて拾ったら?

プレーヤーだけでなく、そのキャディーも救済エリア内で止めたら2罰打。さらに拾い上げたことで罰打が増えそうだが〝関連する行為〟とみなされて加算はなし。ただし故意に止められた時点でドロップのやり直しが必要となる。

POINT

たまたま足に当たって球が止まったら?

偶然、着地後の球がプレーヤーの体や用具(シューズを含む)に触れて止まっても無罰でプレー続行。ただし、意図的にクラブなどを置いて止めると、今回のケース同様2罰打となる。

POINT

転がっている途中で止めてもいい条件は?

明らかに赤杭ラインを越え、跳ねるなどして救済エリアに戻る可能性がない場合、ペナルティーエリア内で止めるのはOK。また、2クラブレングス以内の救済エリアを外れ、そこに戻る可能性がない場合も大丈夫だ。

CASE 16

橋に止まった球をソールして打った

状況 池にかかる橋の上に球が止まった。ソールしてそのまま打ってしまったが、ペナルティーは……？

0 罰打

橋は〝障害物〟なのでソールしても大丈夫

処置 橋は〝動かせない障害物〟だが、ペナルティーエリア内ではその〝動かせない障害物〟から救済を受けることはできない。

ペナルティーエリア内の球は、救済を受けたければ、1罰打でエリア外に出すべき、ということだろう。

ただし、ペナルティーエリア内で〝障害物〟に触れることは許されている。ソールして、そのまま打っても構わない。もちろん、1罰打でペナルティーエリアからの救済処置を選んでもいい。

One Point ルースインペディメントは橋の上でも無罰で取り除くことができる

規則(8.1)(17.1)

PART 5
バンカー

CASE 01

砂に潜って〝目玉〟になり自分の球か判別できない

状況 グリーンサイドのバンカーの砂がやわらかく、打球が目玉状態に埋まってしまった。砂を除いて確認できる?

0 罰打

元のライに戻す前提で拾い上げることもOK

処置 バンカーで〝目玉〟になると、球の番号すら判別できないことがある。そんな場合、無罰で砂の一部を取り除いて、自分の球かどうか確認することが許されている。砂をかなり取り除いても確認できない場合は、マークして拾い上げることもできる。

球を拾い上げる場合は、2019年から同伴プレーヤーに告げる必要はなく、立ち会ってもらわなくても大丈夫。拾い上げた球はリプレースし、ライを元の状態に戻さなければならない。

One Point 完全に埋まった球のライを復元する際、球の一部を見える状態にしていい

規則(7.1)(7.3)

CASE 02

同伴プレーヤーの球を間違えて打った

状況 同じバンカー内で目玉状態の球が2つあり、よく確認せずに打ったら、それは同伴プレーヤーの球だった。

2 罰打

打った球は元に戻し、自分の球でプレー続行

処置 2007年まではバンカー内の誤球は無罰だったが、2008年のルール改訂でジェネラルエリアと同様に2罰打が加算されるようになった。

その代わり、バンカー内でも無罰で球をマークして拾い上げて確認することが許されるようになったわけだ。

もし誤球をプレーしたら、打った球は元の位置にリプレースし、ライも復元しなければならない。その打数はカウントせず、2罰打を加え、改めて自分の球でプレーを続ける。

規則(6.3)

One Point

球がどんな状況にあっても、まず自分のものかどうかを確認することが先

CASE 03

脱出に失敗しクラブを砂に叩きつけた

状況 バンカーショットに失敗し、球がバンカーに戻ってきた。カッとなってクラブヘッドで砂面を叩いてしまった。

0 罰打

マナー違反だが無罰になった

処置 バンカー以外でも、クラブを地面に叩きつけたり、放り投げたりするのはマナー違反。厳に慎んでほしい。

ただ、2019年からはバンカーでストロークした後〝イライラして、または怒って砂を叩くこと〟は無罰となった。脱出に失敗し、バンカー内に球が残っていても無罰。

ただし、バンカー内の球の近くを叩き〝ストロークに影響を及ぼす状態を改善した〟とみなされた場合は、2罰打となる。

規則（12.2）

One Point バンカー内に、クラブや用具を置いても、投げても無罰

CASE 04

転びそうになってクラブを砂につけた

状況 バンカーに入る際、土手でつまずいて転びそうになり、慌ててクラブを杖代わりに、砂面につけて支えた。

0 罰打

転んだり、それを防止する場合はOK

処置 原則として、バンカー内の砂面には手でもクラブでも触れてはならないし、クラブを突き刺して砂の状態をテストするような行為も認められない。もし触れると2罰打が加算される。

しかし例外として、休むため、バランスを保つため、転ぶのを防ぐ場合には罰はつかない。クラブを杖代わりにして砂面にそっとつけても、勢いでグッと押し込んでしまっても問題ない。

実際に転んでしまって尻餅をついたり、手を砂面につけても無罰で済む。

One Point ただし、球を踏んだり、動かしたりするとペナルティーになるので要注意

規則（12.2）

CASE
05

球の近くに落ちていた吸いがらを取り除いた

状況 バンカー内の球の近くに、タバコの吸いがらが落ちていた。邪魔だったので、取り除いたら球が少し動いた。

0 罰打

球をリプレースしてプレー続行

処置 バンカー内であっても、人工物などの〝動かせる障害物〟は無罰で取り除くことができる。風で飛ばされてきたであろうタバコの吸いがらやペットボトル、ビニール袋などは、拾い上げて構わない。

さて、その際、このケースのように球を動かしてしまったらどうするか。ジェネラルエリアと同様に、無罰で元の位置にリプレースするのが正解。動いた位置からプレーを続けてしまうと2罰打になるので要注意だ。

One Point 一緒にルースインペディメントを取り除いて動いたら1罰打

規則(15.2)

CASE 06

球の近くの小石を危ないので取り除いた

状況 球の斜め後ろに目立つ大きさの小石があった。そのまま打つとクラブが傷みそうだったので、取り除いた。

0 罰打

小石も枯れ葉もルースインペディメント

処置 手入れの行き届いたコースでも、バンカーに大きめの小石が混じっていることは結構多い。

そのまま打ってしまうと、クラブヘッドが傷つくだけでなく、石が跳ねて思わぬケガをするかもしれない。

２０１９年から、バンカー内でも小石を無罰で取り除けるようになった。ただし、球にくっついていると、取り除く際に球を動かして1罰打になる危険性はある。どうしても小石を打ちたくないなら、アンプレヤブルにしよう。

規則（15.1）

One Point 同じ1罰打でも、アンプレヤブルなら救済の選択肢が増える

CASE 07

足跡をならしながら球に近づいた

状況 アゴの低い場所から球の止まっている所まで少し距離があったので、レーキで足跡をならしながら球に近づいた。

0

罰打

ただし、球の近くはならさないほうが無難

処置 2012年のルール改訂で、砂のテストを目的とせず、単にコース保護の目的なら、ショットの前でも無罰で足跡などをならすことが許されるようになった。

ただし、気をつけなければならない条件がある。スイングの区域、スタンスの場所、球のライ、プレーの線に影響があるとみなされる場所はNGだ。また、バンカーショットをミスして、打球が戻ってくる可能性が高い場所もならさないほうがいいだろう。

One Point ショットにまったく関係ない場所なら、誰の足跡をならしても大丈夫

規則(12.2)

CASE 08

バンカーからOBして打ち直す前に砂をならした

状況 ガードバンカーからホームランしてOB。打ち直す球をドロップする前に、砂をレーキでならした。

0 罰打

たとえOBでも球はバンカーの外

処置 バンカーからミスしてOBにすると、頭に血が上ってすぐに打ち直したくなるだろうが、そこは一つ冷静に。打った直後の、大きく砂をえぐったライにドロップしても、ナイスショットは望めないだろう。そのライは、きれいにならして構わない。

砂をならしてはいけない条件は、球がバンカー内にある場合はいくつかあるが、たとえOBでも、球がバンカー外に出た後の禁止規定は一切なし。砂をならすことが許されるのだ。

One Point OB確定の打ち直しではなく、暫定球を打つ前にならすのもOK

規則（12.2）

CASE 09

バンカー内の草地に救済のドロップはできる?

状況 バンカーのアゴに球がささり、打てない。アンプレヤブルにしたら、バンカー内の草地にドロップできる?

1 罰打 草地にはドロップできない

処置 バンカーの内側に、浮島のようにこじんまりとした草地がある場合がある。つい勘違いしそうになるが、草地はあくまでもジェネラルエリアであり、バンカーではない。

バンカー内の球は、アンプレヤブルで処置する場合、1罰打でバンカー外にドロップできるのは、その直前のショットがバンカー外からで、そこに戻ることを選んだ場合のみ。他の2つの処置では、バンカー内にドロップしなければならない。

もし間違って草地にドロップした場合は、無罰で訂正しなければいけない。

規則(19.3)

POINT

2019年以降は2罰打で草地にドロップできるかも

2019年の改訂で、バンカー内のアンプレヤブルで2罰打を払えば、ホールと球を結んだ後方線上のバンカー外に出せることに。後方線上の最初の接地点を草地にすれば、球が止まる救済エリアはジェネラルエリアである草地となる。

POINT

草地に止まった球はバンカー内にドロップできる?

バンカー内の球ではなく、ジェネラルエリアにある球をアンプレヤブルでバンカー内にドロップすることはOK。草地の球を後方や2クラブレングス以内の砂地にドロップしてもいいのだ。

POINT

草地に止まった球をアンプレヤブルにしたら?

ジェネラルエリアでの3つの処置がすべて適用できる。ホールと球の位置を結んだ後方線上なら、いくら下がってもOK。ホールに近づかない、2クラブレングス以内にドロップしてもいい。球を拭くのも問題ない。

CASE 10

斜面を足で崩しながらスタンスを取った

状況 アゴ近くの急斜面で球が止まった。アドレスで足が滑るので、左足で斜面を崩し、埋め込んでスタンスを決めた。

2 罰打

〝スタンスの場所〟を作るのは許されない

処置 バンカーの砂がやわらかい場合、シューズをグリグリと動かして砂に埋めることは〝両足をしっかり据える〟という範囲内で、許されている。

しかし、斜面の片側を崩して、足を平らにおけるようにする行為は〝スタンスの場所〟を作ったとみなされて2罰打となる。

ただ、やわらかい砂の斜面ではどこから〝スタンスの場所〟を作ったことになるのか微妙。少なくとも、斜面を平らにするのはNGと覚えておこう。

One Point 2014年の全英女子オープンで賞金女王アン・ソンジュが2罰打に

規則(8.1)

CASE 11

一度埋めた足元をならしてスタンスを取り直した

状況 ピンに向かってスタンスを決めたが、アゴが高いので向きを変えた。足元は一旦ならし、スタンスを取り直した。

2 罰打

〝砂のテスト〟とみなされてしまう

処置 アドレスを決めたが、考え直してスタンスを取り直す。ラウンド中にはいくらでもありうるケースだが、バンカー内では慎重に行うほうがいい。

バンカー内でも、スタンスを取り直すこと自体、違反ではない。しかしその際に、元のスタンス位置の砂をならすのはNG。〝砂のテスト〟とみなされ、2罰打となる。

ならすのではなく、足元をズラすだけなら問題ない。足で払うような、紛らわしい行為も避けよう。

規則(12.2)

One Point 素振りをする際に、スタンスを取るために足を潜らせるのはOK

CASE 12

バンカーのアゴの下に球が刺さった

状況 トップ気味のライナーを打ったら、バンカーのアゴの下に球が刺さり、目玉状態に。救済は受けられない?

1 罰打 アンプレヤブルで処置するのが妥当

処置 アゴの下の〝目玉〟では、ほぼ打てる状況ではない。1罰打でアンプレヤブルにするのが妥当だろう。

よく問題になるのは、アゴ際の上(草地)に刺さったのか、下(バンカー)に刺さったのか判別しづらい場合、処置に迷うというもの。草地からなら、後方のジェネラルエリアにドロップできるからだ。ただ、草地からでも後方のバンカー内にはドロップできる。処置に迷ったら、バンカー内にドロップすることがオススメだ。

One Point 処置で迷ったらもう1つの、直前のショットの位置に戻る選択もある

規則(12.1)(19.3)

CASE 13

手前のアゴに球が入り込みバンカー内では救済できない

状況 バンカー内で転がった球が手前のアゴの下に。アンプレヤブルでも、ホールに近づかない救済エリアがない。

2
罰打
2019年から
バンカー外に出せる

処置 バンカーで厄介なのが、手前のアゴの下に入り込んだ球。後ろや横に出そうにもアゴが邪魔。かといって、アンプレヤブルにするにも、バンカー内ではホールに近づかない場所が選べず、前打地点に戻るしかない場面もある。

だが、2019年の改訂で、合計2罰打を払えば、ホールと球を結んだ後方線上のバンカー外へ出せることになった。バンカーが苦手な人向けの改訂と思われがちだが、今回のケースや、ポットバンカーでは有効に生かせるだろう。

規則(19.3)

One Point
1罰打で前打地点に戻るほうが有効な場面もあるので、忘れずに

CASE 14

バンカー内の水たまりに入った

状況 雨の翌日のラウンド。打球がバンカーに入ったので行ってみると、球は水たまりの中にあった。救済は?

0 罰打

バンカー内でドロップできる

処置 水たまりはバンカー内でも〝一時的な水〟に代わりはない。バンカー内の処置なら、無罰での救済のドロップも受けられるし、1罰打を払えば球とホールを結んだ後方線上のバンカー外にドロップすることもできる。もちろん、そのまま打っても構わない。

無罰での救済を受ける場合は、ジェネラルエリア同様、水たまりを避けられる〝完全な救済のニヤレストポイント〟か、水たまりに多少かかっても〝最大限の救済を受けられるポイント〟から、ホールに近づかない1クラブレングス以内にドロップしなければいけない。

規則(16.1)

POINT

バンカーが水浸しで満水状態だったら？

バンカー内が水浸しであってもなくても、1罰打でバンカー外にドロップすることが許されている。処置の仕方はホールと球がある箇所を結んだ後方線上に球をドロップ。これは〝動かせない障害物〟でも適用できる。

POINT

後方のラフよりバンカー内の浅瀬のほうにドロップしたい

水浸しでも、無罰でバンカー内にドロップしたい場合に〝最大限の救済を受けられるポイント〟を基点にして救済エリアを設定できる。ホールに近づかず、最も浅い場所を選ぶことができる。

POINT

バンカー外に出せるのは罰ありの救済だけ

バンカーでは〝一時的な水〟や〝動かせない障害物〟による障害が発生した場合だけ、1罰打を払ってバンカー外の後方線上にドロップできる。2019年からは、アンプレヤブルで2罰打を払えば、同様の処置ができるようになった。

CASE 15

球の下の枯れ葉を取り除いたら球が動いた

状況 バンカー内に枯れ葉がいっぱい。球の手前にある枯れ葉を取り除いたら、球が少し動いた。どうすれば……？

1

罰打

枯れ葉は除いたままリプレースする

処置 2019年からバンカー内でもルースインペディメントを無罰で取り除けるようになったが、その際に球が動いたら、1罰打でリプレース。

さて、今回の場合、枯れ葉も元の位置に戻す必要はないのか、気になる人もいるかもしれないが、もちろん取り除いたままでいい。枯れ葉をどけたら、元の位置に止まらない？ その場合は、再度トライして、それでも止まらなければ、その球が止まる最も近い箇所（ホールに近づかない）にリプレースだ。

One Point リプレースしないと〝誤所からのプレー〟となり、計2罰打に

規則（14.2）（15.1）

CASE 16

バンカー内でドロップする救済エリアの枯れ葉をどけた

状況 バンカー内の水たまりから救済を受けるのに、ドロップする前に救済エリアの枯れ葉を取り除いてもいい?

0 罰打

ドロップ前に取り除いていい

処置 2019年から、コースの内外を問わず、無罰でルースインペディメントを取り除くことができるようになり、禁止事項は2つだけ。球をリプレースしなければならない場所(ライの変更をしないため)と、動いている球に影響を及ぼす場合。たとえばグリーン上で球の転がる先にある枯れ葉などを、球が動いている間に拾ってはいけない。

今回のケースはドロップなので、ジェネラルエリア同様、事前に枯れ葉を取り除いても、まったく問題ない。

規則(15.1)

One Point 枯れ葉があったほうが、ドロップした球が砂に沈まないことも

CASE 17

戻ってきた球が足に。足をどけたら足跡の中へ

状況 脱出に失敗して戻ってきた球が、足に当たって止まった。足をそっとどけると、球が足跡の中に転がり落ちた。

0 罰打 足で止まった位置にリプレースする

処置 偶然動いている球を止めたり、方向を変えた場合は、2019年からは無罰。同様に、このケースのように足で一旦止まった球を動かしてしまっても、無罰でリプレースとなる。

もし、砂に埋めた足の上に乗って止まった場合だったら、その真下を基点とする救済エリア(1クラブレングス以内)に無罰でドロップできる。

また、足に当たった瞬間に足をどけていれば、無罰で球の止まった所からプレー続行でOKだ。

One Point 打球を故意に止めたら2罰打で、本来止まるはずの場所にドロップ

規則(9.4)(11.1)

CASE 18

他人のバンカーショットで球が砂に埋もれた

状況 同じバンカーに入った同伴プレーヤーのショットで、前方にあった自分の球が砂まみれに。救済は?

0 罰打

〝公正の理念〟で元のライに戻せる

処置 〝遠球先打〟の原則に従えば、バンカー内で前方の球のライが変わってしまうことは十分に起こりうる。

プレーヤーには、自分の球が止まったときのライとプレーの線からプレーする権利がある。自然現象以外の他者によってそれらが変えられたり、影響を受けて悪化したような場合は、できる限り元の状態に戻すことが認められているのだ。

バンカー外から飛んできて球に乗ったディボットなども同様に処理できる。

規則(8.1)

One Point 元に戻すためなら、球をマークして拾い上げ、拭くこともできる

CASE 19

バンカーの外の球を打つときに砂に触れた

状況 バンカー際のラフからアプローチしようとワッグルしたら、バンカー内の砂にクラブが触れてしまった。

0 罰打

ただし砂を削りすぎると〝スイング区域の改善〟に

処置 球がバンカー外にあれば、バンカー内の砂にうっかり触れても無罰。また、ごく軽くであれば、砂面にソールすることも許されている。バンカー内の枯れ枝などのルースインペディメントも取り除ける。

ただし、球がジェネラルエリアにあっても、バンカーの砂はルースインペディメントではないので、ワッグルや素振りなどで砂を大きく削ってしまえば〝スイング区域の改善〟とみなされ2罰打となる。

One Point バンカー外の球に対して〝両足を据える〟目的で砂に足を埋めていい

規則（12.2）

CASE 20

バックスイングで枯れ葉に触れた

状況 バックスイングで球の後ろの枯れ葉をクラブヘッドがかすめたが、そのまま打った。スイング中だからOK?

0 罰打

バックスイングでは砂に触れると2罰打

処置 球がバンカー内の場合、スイングにおいても〝球を打つ意思を持って、クラブを前方に振る動き〟である〝ストローク〟中でなければ、砂に触れることは許されない。バックスイングで触れると、2罰打になる。

ただし、ルースインペディメントに触れることは2019年から無罰。バックスイングでも枯れ葉に触れても無罰でいい。だが、できれば事前に取り除き、スイングに影響が出ないようにしたほうがいいだろう。

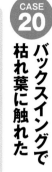

規則(12.2)

One Point

左足下がりや風が強い時は要注意。グラついて砂に触れてもアウト

CASE 21

前にならした場所に打球が戻った

状況 バンカーから打った球が、別のバンカーに。続けて打ったら、前のバンカーのならした場所に戻った。

0
罰打

球が出た時点で無制限にならせる

処置 グリーンを囲む複数のバンカーで行ったり来たりする〝往復ビンタ〟をしてしまうと、ありがちな事例。

球が出たバンカーは無制限でならしていい。たとえまた打球が戻ったとしても問題ない。

また、同じバンカー内で続けて打つ場合でも、次のショットに影響がない場所なら、ならして構わない。だが、脱出できないミスが出る腕前では、ならした場所に打球が戻らない保証はない。やめておくのが無難だろう。

規則（12.2）

One Point
球が出なくても、小石などのルースインペディメントは取り除ける

PART 6
パッティンググリーン

CASE 01

ライン上のボールマークをパターでならした

状況 ライン上に球の落下によるボールマークがあったので、グリーンフォークで修復し、パターでならした。

0 罰打

グリーン面の損傷ならライン上でも直せる

処置 グリーン面の損傷を修理することは、コースの保護として行うべきエチケット。しかし、ライン(プレーの線)に関しては、旧規則ではいくつかの例外を除いて触れることを禁止していた。

だが、2019年からはライン上であるなしに関わらず、ボールマーク、古いホールの埋跡、スパイク跡、動物の足跡、張芝の継ぎ目、用具や旗竿による擦り傷や窪み、ドングリや小石のくい込みなど、あらゆる損傷を直すことが許されるようになった。

One Point

改善行為やテストでなければラインに触れてもお咎めなし

規則(13.1)

CASE 02

シーズンインの時期に多いエアレーションの穴は直せる?

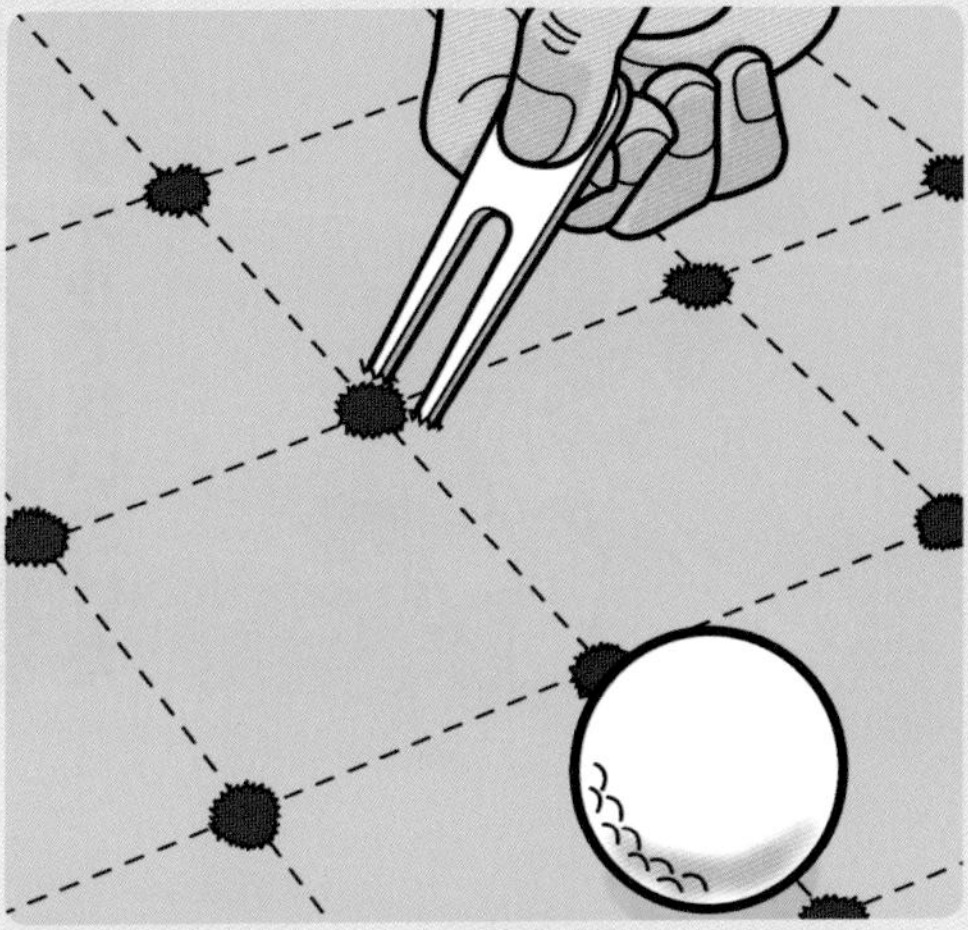

状況 グリーンのメンテナンスで開けられるエアレーションの穴。これも修復していい?

2 罰打

管理作業による穴は修復できない

処置 2019年の改訂で、グリーン上の損傷はすべて直せる、と思い込んではいけない。たとえば、散水や雨、自然の力によるものや、雑草、芝の病気による損傷などは直せない。

また、グリーン全体の状態を管理するための通常作業、たとえばエアレーションによる穴、バーチカル作業(垂直刈込)の溝なども修復はできないのだ。

ただし、エアレーションの穴にボールマークがある場合は、ボールマーク自体は修復しても構わない。

One Point

ホールの縁の自然な摩耗も修復はできない

規則(13.1)

CASE 03

ライン上の木の葉をタオルで払いのけた

状況 秋のラウンドで、ライン上に落ち葉が散乱。1枚ずつ拾うのが面倒だったので、タオルを振って払いのけた。

0 罰打

何も押さえつけずに払うことはOK

処置 パッティングライン上にある木の葉や虫、砂などはルースインペディメント。これらを取り除く際に、ラインに触れることは、以前から無条件に許されている。

手やタオル、帽子を使って払いのけることもOK。ただし、グリーン面をバシバシ叩くような行為は〝改善のための押さえつけ〟や〝表面をこするテスト行為〟とみなされる可能性が高いので、行わないように。サッと表面をかすめる程度がいいだろう。

One Point タオルで払う際、誤って球を動かしても無罰。リプレースすればいい

規則（15.1）

CASE 04

ライン上の霜と露をタオルで拭き取った

状況 早朝のラウンドで、ライン上に霜と露があった。球の転がりが悪くなりそうなので、タオルで拭き取った。

2 罰打

霜と露からは救済も受けられない

処置 霜と露は、ルール上では特別な存在で、まずルースインペディメントではない。つまり、ライン上にあっても取り除けない。

では〝一時的な水〟として扱えるかというと、それも違う。完全に溶けて本当の水たまりにでもならない限り、救済も受けられない。〝あるがまま〟で打つしかないのだ。

また、ライン上を歩いて意図的に霜を踏み潰したりすると〝プレーの線の改善〟違反になる可能性もある。

One Point 霜にまみれた球は、マークして拾い上げて拭くことができる

規則(8.1)

CASE 05

ライン上に飛び散ったバンカーの砂を取り除いた

状況 近くのバンカーから飛び散った砂粒がライン上にあったので、手で払うように取り除いた。

0 罰打

グリーン上に限り砂や土は取り除ける

処置 砂とバラバラの土は、ジェネラルエリアなど他のエリアではルースインペディメントではないので、原則的に取り除くことはできない。

ただし、グリーン上だけは例外。ルースインペディメントとみなされて、取り除くことができる。その際、ラインに触れても無罰だ。

気をつけてほしいのは、カラー。ここはグリーン上ではないので、砂とバラバラの土を取り除くことはできない。取り除くと2罰打となってしまう。

One Point 球がカラーにあっても、グリーン上の砂とバラバラの土は取り除ける

規則(13.1)

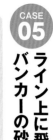

CASE 06

ラインを読もうとしてグリーン面に手をついた

状況 なるべく低い姿勢でラインを読もうとして、グラついて手をグリーン面につけた。グリーン面のテストになる?

0 罰打

表面をこすったり、球を転がさなければOK

処置 〝グリーン面のテスト〟としてルールに記載されている具体例は、故意に〝表面をこすること〟と〝球を転がすこと〟である。

もちろんこれら以外の方法でも〝テスト〟とみなされる行為はあるだろうが、ライン読みの際に手をつく程度なら、まったく問題ない。

ただし、ラインのガイドになるような手形を残したり、ライン上に跡がつくほど手をつくのはNG。2罰打となるので、紛らわしい行為も避けてほしい。

規則(13.1)

One Point

カラーの芝は、ライの改善にならない限り、こすっても問題なし

CASE 07

「お先に」でうっかり自分のプレーの線を踏んだ

状況 「お先に」パットで同伴プレーヤーのラインをまたいで打つ際、うっかり自分の“プレーの線”を踏んでいた。

0 罰打

他人のラインを避ける場合はOK

処置 〝プレーの線〟をまたいではいけなくなったのは、半世紀以上前。

パットに悩んだ名手サム・スニードがホールと正対して〝プレーの線〟をまたいで打つクロッケーのような打ち方が問題となり、禁止されたのだ。

ちなみにスニードはその後「サイドサドル」という打ち方で対応した。

現在は緩和され、他のプレーヤーのラインを踏まないようにする際や、うっかりのミスであれば自分の〝プレーの線〟を踏んでも無罰となっている。

One Point 意図的に〝プレーの線〟を踏んだり、またいだまま打つのは2罰打となる

規則(10.1)

CASE 08

他のプレーヤーが打つ前にカップ周辺のスパイク跡を直した

状況 ホールアウトした後、同伴プレーヤーのパットが残っていたが、カップ周辺のスパイク跡をパターでならした。

0 罰打

プレーの遅延にならなければOK

処置 ホールアウト後に、スパイク跡などを修復するのは、コース保護の観点からも実行すべきマナーだろう。

２０１９年からは、それがプレーを終えていない同伴プレーヤーのライン上や、カップ周辺でもＯＫとなった。

ただし、プレーヤー自身でいつでも修復することは許されているわけだから、他のプレーヤーのライン上を修復する行為はありがた迷惑になる可能性もある。やはり全員ホールアウト後に行うよう、心がけてほしい。

One Point

ホール周辺は踏み込まず、傷めないように心がけよう

規則（8.3）

CASE 09

水たまりを避ける救済でグリーン外にドロップした

状況 ライン上に水たまりがあり、それを避けられるニヤレストポイントがラフだった。そこにドロップして打った。

2 罰打

グリーン上からの救済はプレースのみ

処置 グリーンでは、ライン上の水たまりからも無罰で救済を受けることができる。ホールに近づかない"完全な救済のニヤレストポイント"か、それがなければ"最大限の救済を受けられるポイント"にプレースできる。

その地点がグリーン上ではなく、カラーやラフになる場合もあるが、処置としてはドロップにはならない。グリーン上と同様にプレースとなる。処置を誤ったままプレーを続けると、たまたまドロップした球がプレースすべき地点に留まった場合は1罰打、それ以外では2罰打となる。

規則(14.2)(16.1)

POINT

ニヤレストポイントはグリーン上とは限らない

グリーン上の球で救済を受けるのにグリーン外にプレースする場合もあることを頭に入れておかないと、ニヤレストポイントを間違えてしまう可能性がある。すると〝誤所からのプレー〟で罰打がつくので要注意だ。

POINT

ラフにプレースすると不利になりそうな場合は？

打ちにくそうなラフにプレースするぐらいなら、救済を受けずにそのまま打つことを選択してもいい。また、1罰打のアンプレヤブルで、打ちやすい状況を作る手もある。

POINT

強く踏んで水が浸み出たら水たまり？

雨上がりなど、芝が濡れていて地面に水がたまっていても、見た目で判断できるほどでなければ、水たまりとはみなされない。普通に立って足元に水が浮いて見えない程度では、救済を受けることはできない。

グリーンの外でもプレースでないとペナルティー！

CASE 10

カラーからパターで打つのにグリーン上の水たまりが邪魔

状況 カラーに止まった球をパターで打ちたいが、ライン上に大きな水たまりがある。何か救済を得られない?

0 罰打

〝あるがまま〟で打つしかない

処置 カラーはグリーン上ではないので、ライン上に〝一時的な水〟があっても救済は受けられない。〝あるがまま〟で打つしかないのだ。

ちなみに、カラーまで水たまりで、球がそこに入っていれば、ジェネラルエリアでの〝一時的な水〟の救済処置が受けられる。この場合〝完全な救済のニヤレストポイント〟はグリーン上を避けなければいけない。その処置はプレースではなく、ドロップ。グリーン上の処置と混同しないよう、要注意だ。

One Point

カラーからの救済エリアはジェネラルエリアだけ

規則(16.1)

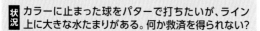

CASE 11

カップの中にたまった雨水をかき出した

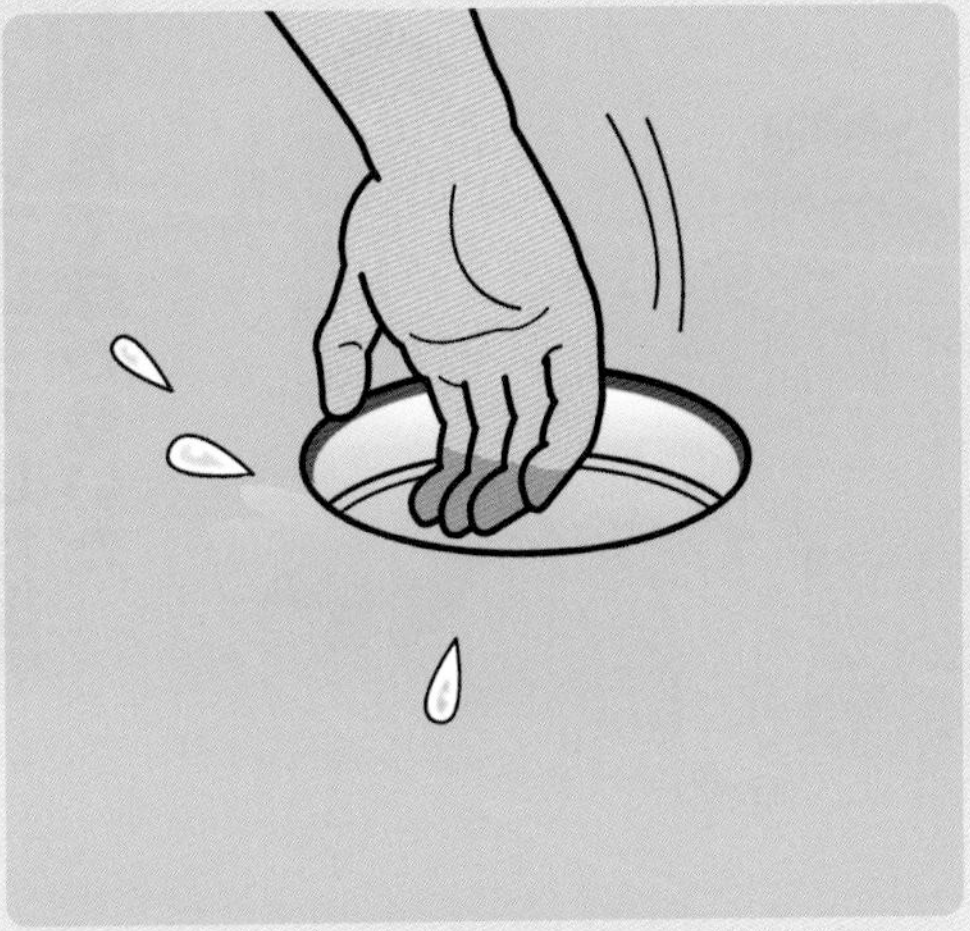

状況 雨のラウンドで、カップの中が水浸しに。パットを打つ前に、カップに触れないよう雨水をかき出した。

2 罰打

カップに触れなくても〝プレーの線の改善〟に

処置 パットの前に、カップ内やカップの縁に触れると〝プレーの線〟に触れたとみなされるが、無罰で大丈夫だ。

では、今回のケースのように、カップに触れずに雨水をかき出すのは許されるかというと、これはダメ。

水を取り除く行為自体が〝プレーの線の改善〟とみなされて、2罰打となってしまうのだ。

タオルで拭き取る行為も含めて〝一時的な水〟は取り除くものではない、と覚えておこう。

One Point

競技でローラーで水を除く場合も、プレーヤーが無許可で行うのはNG

規則(8.1)

CASE 12

リプレースした後で風で球が動いた

状況 ラインを読んで球をリプレースし、いざ打とうとアドレスしたら、突風が吹いて球が転がり出した。

0 罰打

リプレース後は球を元に戻す

処置 2019年の改訂で大きく処置が変更になったのがこれ。旧規則では、風や雨で動かされた球は、すべて止まった地点から無罰でプレー続行だった。

だが、2019年からは、一旦マークして拾い上げた球をリプレースした後は、ストローク以外で球が動いた場合は原因に関わらず、すべて元のマークした位置にリプレースすることになった。

もし、リプレースしないでプレーを続行すると〝誤所からのプレー〟で2罰打に。くれぐれも気をつけてほしい。

One Point 風で球が動き出したら慌てずに元の位置を確認

規則（13.1）

CASE 13

球を拾い上げる前に風で球が移動した

状況 マーカーを置いて、その前に球を置いたままラインを読んでいたら、突風が吹いて球が20センチほど動いた。

0 罰打

マーカーがあってもリプレースはNG

処置 マークした状態で球が動いたら、マーカーの前にリプレースできると思い込んでいるプレーヤーは結構多い。

だが、マーカーが置かれたままでも、球は拾い上げるまではインプレー。インプレーの球が風で動かされた場合、無罰で球が止まった位置からプレー続行となる。

もし球を拾い上げてマーカーの前にリプレースすると、インプレーの球を動かしたことで1罰打となり、風で動いた位置に戻さなければいけない。

規則(9.3)

One Point

マーク後、球を拾い上げたかどうかが処置の分かれ目になる

CASE 14

マークして拾い上げた球ではない別の球をリプレースした

状況 マークした球をキャディーに拭いてもらっているのを忘れて、ポケット内の球をリプレースして打った。

1 罰打

球の取り替えは許されない

処置 プレーヤーは原則として、ティーイングエリアからプレーした球でホールアウトしなければならない。変更できるのは、OB、紛失や、救済を受けてドロップかプレースをする場合。そして傷がついて交換する場合だけだ。

マークして拾い上げた時点で球はインプレーではなくなるが、取り替えていいことにはならない。この違反は2罰打だったが、2023年の改訂で1罰打に軽減。故意ではなく、ついうっかりのケースが多いということだろう。

One Point 手を滑らせて池に落とし、回収不能になっても、故意でなければ無罰

規則(6.3)

CASE 15

自分で拾い上げた球をキャディーがリプレース

状況 自分でマークして拾い上げた球を、拭き終わったキャディーが気を利かせてリプレース。そのまま打った。

1 罰打

自分以外はリプレースできない

処置 リプレースは本来、球を拾い上げた人が行わなければならない。ただし、キャディーや同伴プレーヤーに、プレーヤーの代わりにマークして拾い上げてもらった球は、プレーヤーがリプレースすることは許されている。

2019年から、キャディーはプレーヤーの承認がなくても球をマークして拾い上げることができるようになったが、プレーヤーの拾い上げた球をリプレースすることは許されていない。訂正せずに打つと1罰打になる。

One Point 誰が拾い上げても、プレーヤーにはリプレースできる権利がある

規則（14.2）

CASE 16

マーカーをパターで押さえたらソールにくっついた

状況 マーカーが見当たらなくなったので、ふとパターのソールを見ると、押さえたはずのマーカーがくっついていた。

0 罰打

マークする過程で偶然動かしても無罰

処置 球の位置をマークする過程で、偶然マーカーを動かしてもペナルティーにはならない。

マーカーを正しくリプレースすればいいが、その位置がはっきりしない場合は〝前にあった位置を推定してリプレース〟すればOKだ。

2019年からは、マークする過程ではなく、うっかりラインを読んでいる途中でマーカーを蹴飛ばしたり、パターで弾いたりして動かしてしまった場合も、無罰でリプレースとなった。

One Point マークする行為と、球を拾い上げる行為以外でも偶然動かした場合は無罰

規則（13.1）

CASE 17

マーカーを置く前に指が当たって球が転がった

状況 マーカーを置こうとしたら、指が球に当たって転がしてしまった。これはグリーン面のテストになる……？

0 罰打

偶然球を転がしてもテストにはならない

処置 マークする過程で偶然球を動かしても無罰だが、その結果として球をグリーン上で転がしてしまった場合、グリーン面のテストとみなされることはあるだろうか。

テストとみなすには、グリーンの速さやラインを確認する意図などが明確である必要がある。マーク時にうっかり突いて転がしたり、球を拭いているときに手が滑って落としてしまった球がグリーン上を少し転がったとしても、テストとみなすことはありえない。

One Point マークする過程で動かしてしまった球は、もちろんリプレースすること

規則（13.1）

CASE 18

ヘッドカバーが落ちて当たった球が動いた

状況 マークしようとしてかがみこんだら、パターのヘッドカバーが落ちて球に当たり、動かしてしまった。

0 罰打

球は元の位置にリプレース

処置 旧規則では、マークしたり、球を拾い上げる行為そのものに〝直接的に結びつけられるとき〟だけ、球を動かしてしまっても無罰で許されるが、ヘッドカバーを落とす行為はそれに当たらないので1罰打となっていた。

ところが2019年の改訂から、グリーン上に限り〝偶然に球を動かす原因となったことに対する罰はない〟となり、動かした球はすべてリプレース。素振りをしていて、うっかり球を動かしても無罰となった。

One Point

バックスイング始動後に動き出した球を打った場合は、そのまま続行

規則（13.1）

CASE 19

パターを置き直そうとしてヘッドが球に当たった

状況 球の前方にパターヘッドを置いて構え、後方に置き直そうと引き上げたら球に当たり、動かしてしまった。

0 罰打

偶然の行為なので無罰でリプレース

処置 2019年から、グリーン上では"偶然"球を動かした場合、原因を問わず無罰でリプレースとなった。それはアドレスに入ってからも同様だ。

アドレスで、クラブを球の前方、ホールとの間に軽く置くことは、パッティングに限らず、バンカー以外ではすべて許されている。その後ヘッドを引き上げて、球の後ろに移動させてストロークすれば、何も問題はない。

今回のケースでも、球をリプレースするだけでプレーを続行できる。

規則(13.1)

One Point

多少球が転がってもグリーン面のテストにはならない

CASE 20

移動したマーカーを元に戻さずに打った

状況 同伴プレーヤーの要求で移動させたマーカーを、うっかり戻さずに球をリプレースし、そのまま打ってしまった。

2 罰打 やり直さずにそのままプレー続行

処置 同伴プレーヤーのライン上にあるマーカーが邪魔にならないよう、パターヘッド1つ分ぐらいを目安に、移動させることはよくある。

ただ、打順を待っているうちに、うっかり移動させたことを忘れる場合もある。リプレースしても、打つ前なら無罰で訂正できるが、打ってしまったら2罰打でプレー続行となる。

打った後に気づいて、球を拾い上げてやり直してしまうと、さらに2罰打が増えるので厳禁だ。

One Point
〝重大な違反〟にならない〝誤所からのプレー〟は訂正しなくていい

規則(14.7)

CASE 21

同伴プレーヤーのマークの要求は無視できる?

状況 同伴プレーヤーにマークを要求されたが、相手のラインからかなり外れていると思ったのでマークしなかった。

2 罰打

マークの要求には応じること

処置 他の球が自分のプレーの妨げになるかもしれないと考えた場合、プレーヤーはその球を拾い上げてもらうことができる。これはグリーン上に限らず、コース内すべてで通用する。

球の拾い上げを要求されたプレーヤーは、拒否すると2罰打となる可能性がある。マークして拾い上げるか、そのまま先にプレーしなければいけない。

ちなみに、自分の判断で球を拾い上げられるのはグリーン上だけ。それ以外は、他者の要求がないと1罰打だ。

One Point
リプレースする前提で、球を拾い上げて拭けるのも、グリーン上だけ

規則(15.3)

CASE 22

旗竿に寄りかかった球を拾い上げた

状況 チップイン!　と思ってよく見ると、球は旗竿に寄りかかってカップに沈んでいなかったが、そのまま拾った。

0 罰打

球の一部でも沈めばホールアウト

処置 旧規則では、球全体がグリーン面より下に沈んで止まらなければ〝ホールに入った球〟とは認められず、ホールアウトしたことにはならなかった。

だが、2019年からは旗竿に寄りかかって止まった球の一部が、ホール内でグリーン面の下にあれば〝ホールに入った〟と扱われることになった。

つまり、今回のケースのようにカップ内に球が全部沈まなくてもホールアウトしたことになるので、その球を拾い上げてもまったく問題ないのだ。

One Point 旗竿がない場合は、球の一部でもホールの縁より上に出ていたらダメ

規則(13.2)

CASE 23

旗竿を抜いて出た球をそのままプレーした

状況 旗竿を引き抜いたら、旗竿とカップの間に挟まっていた球がホールの外に。がっかりしながらタップインした。

0 罰打

ホールアウト後でお咎めなし

処置 球が完全にホールに沈んでいない場合、旗竿を引き抜くと、球が外に飛び出してしまうことがある。2019年から旗竿を立てたままパッティングができるようになり、このようなケースが増えるかもしれない。

飛び出した球を、そのまま手にしていたパターでタップインしたくなるだろうが、それはダメ。すでにホールアウトとなっているからだ。もし、打ってしまったとしても無罰。ホールアウト後なので、ノーカウントで済む。

One Point

ホールの縁の球を旗竿でうっかり動かしたら、無罰でリプレース

規則(6.5)(13.2)

CASE 24

ロングパットを打った後で旗竿を抜いたらカップイン

状況 同伴プレーヤーのパットが強めで旗竿に跳ねそうだったので、慌てて旗竿を抜いたら、そのままカップイン。

2 罰打

ストローク中に取り除いてはいけない

処置 2019年からはパットでも旗竿を立てておくことができるので、勝手に旗竿を抜きに行ってはいけない。

旗竿をホールに立てたままプレーすることを決めてストロークしたプレーヤーの球が動いている間は、その旗竿を取り除くことはできない。取り除いたプレーヤーは2罰打となる。

ただし、明らかに打球がホールと違う方向に転がったり、大ショートなど、球の動きに影響がないことが明確な場合は、旗竿を抜いても無罰となる。

One Point 2019年からは旗竿を立てるか、取り除くかを事前に宣言すること

規則（13.2）

CASE 25

抜いて置いてあった旗竿を急いで拾い上げた

状況 同伴プレーヤーのパットがオーバーして、カラーに置いた旗竿に当たりそうだったので、慌てて拾い上げた。

0 罰打

打球が動いていても拾い上げて大丈夫

処置 取り除かれた旗竿はマナー上、カラーに置かれることが多い。だが、ミスパットはそんな場所まで転がってしまうこともある。

以前は、球が旗竿に当たりそうになったとき、親切心で旗竿を取り除いても〝球の動きに影響を及ぼす〟違反行為とみなされ、拾い上げたプレーヤーに2罰打が加算されていた。

それが2008年の改訂により、取り除かれた旗竿は誰が動かしても無罰となることが認められたのだ。

規則（11.3）

One Point 2019年からは置かれた旗竿に偶然球が当たっても無罰に

CASE 26

球が旗に絡まったまま落ちてこない

状況 アプローチした球が、旗を直撃。行ってみると、球はグリーン面には落ちず、旗に絡まったままだった。

0 罰打

ホールの縁へプレースでOK

処置 旗に絡まることなど滅多にないとは思うが、雨上がりで風が強いときなど、濡れた旗に球がくるまってしまうこともある。

この場合、旗竿を揺すって球を落としてホールに入ったとしても、ホールアウトは認められない。またホールより離れた位置に転がっても関係ない。

旗竿は〝動かせる障害物〟なので、球は無罰で〝真下にプレース〟が原則。ただしホールではなく、ホールの縁にプレースすることになる。

One Point 旗竿を揺すったり、取り除く際に球が動いても無罰でプレースは同じ

規則(15.2)

CASE 27

旗竿を押さえたまま片手でパットした

状況 「お先に」パットを決める際、左手で旗竿を押さえつつ、右手で持ったパターでタップインした。

2 罰打

故意に動かして利益を得てはならない

処置 旗竿を立てたままのロングパットの後、「お先に」パットを行う場面でありそうなのが、今回のケース。

旗竿が風に吹かれて手前に傾いていたりすると、入り口を広げるように手で押し返したくなるもの。だが、旗竿を故意に動かして利益を得ようとしてはならない。2罰打となってしまう。

ちなみに、片手で旗竿を持ち、球がホールに入る前に取り除いたり、抜いた旗竿を持ったまま、片手でパットしても問題ない。

規則（13.2）

One Point

抜いた旗竿を地面につけて寄りかかって打つと2罰打

CASE 28

旗竿につき添う人の足に球が当たってカップイン

状況　カップ近くで打球が大きく曲がり、旗竿につき添っていた同伴プレーヤーのシューズに当たってカップインした。

0 罰打

やり直すことはなくそのままホールアウト

処置　プレーヤーが旗竿につき添うことを認めた人は、キャディーでも同伴プレーヤーでも、偶然球を当ててしまった場合は、2019年から無罰だ。

当たって方向が変えられた球は、そのまま止まった位置からプレー続行。カップインしたら、ホールアウトが認められる。

もし、プレーヤーの許可なく旗竿を抜こうとした同伴プレーヤー（急に駆け寄るなど）に当たったら……？　無罰でやり直すことができる。

One Point　打つ前に明確に断らない限り、つき添いを〝許可した〟とみなされる

規則（13.2）

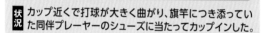

CASE 29

旗竿につき添う人の落とした球が当たった

状況 旗竿につき添っていた同伴プレーヤーが、手を滑らせて落とした球が、打球に当たってその方向を変えた。

0 罰打 **やり直すことはなくプレー続行**

処置 同伴プレーヤーがマークして拾い上げた球は〝用具（携帯品を含む）〟となり、ストロークプレーでは〝外的影響〟とみなされるため、それが偶然落ちて、動いている球に当たっても、全員無罰。グリーン上ではストロークを取り消してやり直しとなる。

ところが〝旗竿につき添う人の用具〟となると少しだけ話が変わる。プレーヤーとつき添った人が無罰なのは変わらないが、球の止まった位置からプレー続行となる。

One Point キャディーが拭いている球を落として当てても、無罰でやり直し

規則（11.1）

CASE 30

打った球が同伴プレーヤーの足に当たった

状況 2段グリーンの上から打った球がラインを大きく外れて、ラインを読んでいた同伴プレーヤーの足に当たった。

0 罰打

リプレースして元の位置からやり直し

処置 同伴プレーヤーなど〝外的影響〟により、偶然に動いている球が止められたり、方向が変えられた場合は、誰にもペナルティーはない。

ただしグリーン上では、そのストロークは取り消しとなり、球は元の位置にリプレースして、再プレーとなる。

これは同伴プレーヤーの〝用具〟に当たった場合も同じ。手放してグリーン上に置いていたパターやマークしてどけておいた球に、打球が転がってきて当たっても、同様の処置となる。

規則(11.1)

One Point

〝用具〟は、直接身につけていなくても〝用具〟として扱われる

CASE 31

パターのソールでポンと突いて入れた

状況 カップ際に止まった球を、つい遊び心からビリヤードのキューっぽくパターを寝かせて、ソールで突いて入れた。

2 罰打
〝押し出し〟とみなされる

処置 カップ際の球をタップインするのに、片手でコツンと打ったり、ヘッドの背面で打つプレーヤーは多いが、もちろんこれらは違反とはならない。

このケースで問題となるのは、打ち方。ビリヤードを真似て突く動作は、打ち方で禁止されている〝押し出し、かき寄せ、すくい上げ〟の中の〝押し出し〟とみなされ、2罰打となる。

ちなみにソールで打つこと自体は、ヘッドで正しく打つことに違反しない。背面で打つのと同じく許されている。

One Point
ヘッド以外、たとえばグリップ部分で打ったりしても、2罰打となる

規則（10.1）

CASE 32

カラーとの境い目にあった ボールマークを直した

状況 カラーに止まった球を打つ前に、グリーンとの境い目にあったライン上のボールマークを修復してならした。

0 罰打

グリーンにかかる部分があればOK

処置 カラーはジェネラルエリアなので、プレーの線上にあるボールマークやディボット跡を直すと〝プレーの線の改善〟で2罰打となる。ただし、グリーン上のボールマークは、球がグリーン外でも無罰で修復できる。

判断で迷うのは、ボールマークがグリーンとカラーの境い目にあるときだろう。裁定として、1つのボールマークをグリーン部分だけ直すのは実行不可能との判断で、マーク全体を修理することを認めている。

One Point カラーに打球が食い込んだ場合も、修復せずに救済のドロップを行う

規則(13.1)

CASE 33

チップインに気づかず誤球してしまった

状況 自分の球がチップインしたことに気づかず、カラーにあった球を自分の球と思い込んでパターで打ってしまった。

0 罰打

ホールアウト後の誤球はノーカウント

処置 ブラインドホールやマウンド越えなど、打球の落下地点が見えなかったショットの後、予測した地点に止まっている球を自分のものと思い込み、誤球するケースはよくある。

しかし、その誤球を打つ前の時点で、自分の初球がチップインしていたらどうなるか。実は、すでにホールアウトしていることになるので、その後の誤球プレーはノーカウントとなるのだ。

ちなみに誤球された同伴プレーヤーは、球をリプレースすれば問題ない。

One Point

たとえ無罰でも誤球は他のプレーヤーの迷惑に。慎重に確認しよう

規則（6.3）（6.5）

CASE 34

ホールの縁で止まった球が風に吹かれて入った

状況 バーディパットがホールの縁で止まった。球に近づき、10秒待っても入らなかったが、アドレス前に風で入った。

1 罰打

10秒待った後は風で入ってもダメ

処置 コース内では、たとえグリーン上でも風で球が動けば、無罰でその止まった位置からプレー続行が原則。ただし〝ホールの縁(ホールにせり出している球)〟だけは特別なのだ。

〝ホールの縁〟では、球が停止したか、動き続けているかの判断が問われる。〝止まった〟と決まった時点で、その後にホールに落ちた場合は1罰打を加算する、という〝決まりごと〟がある。

この〝止まった〟の判断基準は、不当に遅れることなくホールに歩み寄る時間プラス待ち時間10秒。この間に入れば無罰、後に入れば1罰打となる。

規則(13.3)

POINT

“ホールの縁”より離れていれば？

“ホールの縁（ホールにせり出している球）”は、球の一部がホールのへりにせり出していることが条件。少しでも離れて球が止まっていれば、このケースのように風でホールに落ちると無罰でホールアウトとなり、バーディだ。

POINT

旗竿が触れてホールに落ちたら？

10秒待った後でも、旗竿など“動かせる障害物”を取り除く過程で球を動かしたことになるので、無罰で“ホールの縁”にリプレース。そこからプレー続行となる。

POINT

リプレースしてホールに落ちたら？

アプローチで泥がついて“ホールの縁”で止まった球をマークし、拭いてリプレース。その場合、10秒以内にホールに落ちても、拾い上げた時点から先は“すべてリプレース”となるので、無罰でリプレースとなる。

CASE 35

ソールする直前に球がホールに落ちた

状況 下りのパットを5センチほどショート。近づいてソールする直前に、なぜか球が動き出し、ホールに落ちた。

0 罰打

ホールアウトしたとみなされる

処置 以前は、ソールする直前に動いた球でも、すべてプレーヤーが動かしたものとみなされ、1罰打でリプレースしなければならなかった。

それが、まず2012年の改訂で、風などのせいでプレーヤーに原因がないことが明確な場合は、無罰で球が止まった位置からプレー続行となった。

そして2016年の改訂により、プレーヤーが原因であることが明らかでない限り、球が動いても無罰。球が止まった位置からプレー続行となったのだ。

規則(9.3)

One Point クラブが球に触れるなど、自分が原因で球が動いたら無罰でリプレース

CASE 36

ペットボトルを利用して傾斜を読んだ

状況 グリーン面の微妙な傾斜を判断するのに、ふと思いついてペットボトルを置き、水面の傾き具合をチェックした。

2 罰打

〝携帯品の異常な使用〟とみなされる

処置 夏場などに、ペットボトルの飲料を持ち歩いてプレーすることはよくあるだろう。

そのペットボトルを、単にグリーン上に置いただけなら、もちろんペナルティーはない。

ただし、グリーン面の傾斜を計測する意図を持って、明らかに水面のチェックなどを始めたらアウト。

プレーの援助となる〝携帯品の異常な使用〟とみなされ、1回目は2罰打、2回以上行うと競技失格となる。

One Point 練習器具の使用と同様、1回目で競技失格にはならなくなった

規則（4.3）

CASE 37

キャディーに傘を差しかけてもらって打った

状況 雨が強まってきたので、キャディーが気を利かせてパットのアドレスで傘をさしかけてくれた。そのまま打った。

2 罰打 〝風雨からの保護〟とみなされる

処置 山岳コースでは天候が変わりやすく、雨足が急に強くなることもある。パットでも、アドレスで帽子からしずくが垂れて、集中しづらいことも。

そんなとき、キャディーに傘をさしかけてもらうとうれしいかもしれないが、これは違反行為。〝風雨からの保護〟とみなされ2罰打になる。

では、自分で傘を片手に持ちながらパットするのは？ これは問題ない。禁止されているのは、自分以外からの〝保護〟を受ける場合だけだ。

規則(10.2)

One Point 夏場に日傘で、強い日差しをさえぎる行為も同様の判断となる

CASE 38

ティーに置き忘れたパターを取りに戻った

状況 グリーンに上がる直前で、ティーでパターを素振りして置き忘れたことに気づいた。走って取りに戻った。

1罰打

〝不当の遅延〟とみなされる

処置 セルフプレーでは、ついうっかりグリーン周りやティーイングエリア周辺などにクラブを置き忘れてしまうことがよくある。

すぐに気づいて取りに戻れば問題ないが、グリーンからティーに戻るとなると、プレーの進行を妨げる〝不当の遅延〟とみなされるだろう。

ただし、前後の組が詰まっている場合などで、実際に支障がない場合は無罰という判断もある。臨機応変に対応してもらいたい。

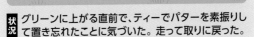

規則(5.6)

One Point

1回目は1罰打だが2回目は2罰打、3回目の違反で競技失格となる

CASE 39

ホールアウト後に誤球したことに気づいた

状況 アプローチが寄ったので「お先に」でホールアウト。ところがホールから拾い上げて確認すると、誤球だった。

2 罰打

正球を探してプレー続行

処置 コースには、前の組の紛失球などが残っており、同伴プレーヤーの球以外にも誤球する可能性がある。

そういった場合、同伴プレーヤーから指摘されることもなく、グリーン上でマークする際に気づく場合が多い。

さて、今回のケースはホールアウト後に気づいたわけだが、そのままプレー終了とはいかない。2罰打を加算し、正球を探してプレーする必要がある。

もし、セカンド地点以後で正球が見つからない場合は、第1打が紛失したとみなされる。紛失球の1罰打を加算してティーから打ち直す必要がある。

規則(6.3)

POINT

訂正せずにホールアウトしたら?

誤球を訂正せず、次のティーイングエリアからショットをしてしまうと、その時点で競技失格となる。最終ホールの場合は、スコアカードを提出する前に誤りを訂正しないと、やはり競技失格になってしまう。

POINT

2罰打を加算するだけではダメ?

誤ったプレーをノーカウントにして2罰打を加算する点で〝誤所からのプレー〟に似ているが〝重大な違反〟がなければ、プレー続行できる点は異なる。誤球は必ずやり直す必要がある。

POINT

同伴プレーヤーとお互いに誤球していたら?

球を取り違えた場所が明確なら、そこに戻ってお互いに2罰打でやり直し。だが、取り違えた時点がはっきりしない場合、ホールとホールの間で不注意により取り違えたと想定していい。その場合は2人とも無罰となる。

CASE 40

キャディーが足でラインを指示した

状況 キャディーが旗竿につき添いながら、左足を伸ばして狙い所に軽くつま先で触れて、ラインを教えてくれた。

0 罰打

グリーン面に足が触れてもOK

処置 キャディーにラインを教わること自体はまったく問題ないが、その指示の仕方として、旧規則ではグリーン面に触れることは禁止されていた。だが、2019年からは許されることに。

キャディーがラインを示すために手、足、持っている物を使ってグリーン面に触れて指示した後、打つ前にその近くから離れれば無罰で済む。

ただし、ラインを示すために、どこかに物を置くのはダメ。打つ前にどけたとしても、2罰打となってしまう。

One Point

旗竿につき添っている場合はラインの近くに立っても大丈夫

規則(10.2)

CASE 41

ホールアウト後のグリーンで練習した

状況 パットのミスが納得いかず、全員ホールアウトした後、少しの間、そのグリーンでパットの練習をした。

0 罰打

ただし競技規定では禁止も

処置 最後にプレーしたホールのパッティンググリーンと、次のホールのティーイングエリアやその近くで、パッティングやチッピングの練習をすることは認められている。

ただし、プレーの進行を妨げる〝不当の遅延〟とならないよう、気は配ってほしい。

また、プレーのスムーズな進行や、グリーンの保護を目的として、競技規定で禁止しているコースも多い。スタート前に、よく確認してほしい。

規則(5.5)

One Point ハーフターンのときに、練習グリーンでパットの練習をすることもOK

CASE 42

2人でパットしてしまいお互いの球がぶつかった

状況 少し自分より遠い同伴プレーヤーがパットしたことに気づかず、自分も打ち、お互いの球がぶつかった。

0 罰打

取り消して再プレー

処置 離れた位置で素振りを繰り返す同伴プレーヤーがいると、自分が打つことを促されていると思い、打った途端に同伴プレーヤーも同時に打ってしまう、といったことは結構ある。

さて、お互いにグリーン上で打った球が当たってしまった場合、そのストロークは取り消し。無罰でリプレースし、再プレーとなる。

2019年の改訂から、他人の球が打たれて動いている間に、後から打ったプレーヤーにつくはずだった2罰打がなくなった。とはいえ、同時プレーはマナー違反。注意してほしい。

規則（11.1）

POINT

打球が当たらなかったらお咎めなし？

旧規則では、ホールに近いほうのプレーヤーが、遠いほうのプレーヤーの後から打つと、打球が当たらなくても2罰打だった。だが、2019年の改訂からはすべて無罰。プレーヤー同士がお互いに謝るだけでいい。

POINT

グリーン上でも声かけは必要

このケースのようなミスを避けるには、打つ前に声をかけ合い、打順を明確にすればいい。旗竿を立てたままお互いにロングパットを打つ場合など、特に心がけてほしい。

POINT

旗竿に寄りかかった球に当たったら？

旗竿を立てた状態で、ほぼ同時にホールに向かった球の一方が、先にホールに入って旗竿に寄りかかって止まり、その球にもう一方の球が当たってホールから外れたら？　やはり無罰だが、球の止まった位置からプレー続行だ。

相手のパットが
遠いと感じたら
打たないこと！

CASE 43

パットして動いている球にアプローチの打球が当たった

状況 ロングパットを打ったら、反対側のラフから同伴プレーヤーがアプローチを打ち、お互いの球がぶつかった。

0 罰打

パットのほうだけ無罰でやり直し

処置 グリーン上の球のほうが、ホール寄りのラフにある球より遠い場合がある。本来はホールから遠い位置にあるパットをするほうが先に打つべきだが、グリーンに乗っていない焦りからアプローチを急ぎ、ほぼ同時に打ってしまうこともあるだろう。

この場合はグリーン上同士とは処置が異なるが、お互いに無罰。ただし、アプローチされた球は、止まった位置からプレー続行だが、パットのほうは取り消しとなり、再プレーとなる。

規則（11.1）

One Point 打つ前に周りのプレーヤーをしっかり確認してからプレーしよう

CASE 44

同伴プレーヤーの球に当ててしまった

状況 ロングパットが思わぬ曲がり方をして、ラインを読んでいた同伴プレーヤーの球に当たった。どうする?

2 罰打 球が止まった位置からプレーを続行

処置 想定したラインから数メートルも横に離れている場所に、まさか打球が転がるとは思わないだろう。しかし、実際にグリーン上ではこういったことが起こるのは、ご存知のとおり。

当てたプレーヤーは、2罰打を加算して、そのままプレー続行。当てられて動いた同伴プレーヤーの球は、無罰で元の位置にリプレースでいい。

グリーン上で先に打つプレーヤーがいる間は、トラブルが増えないよう、球はマークしたままにしておこう。

One Point カラーなどグリーン外から打った球が当たった場合は、無罰でOK

規則(11.1)

CASE 45

マーカーに当たって球の転がる方向が変わった

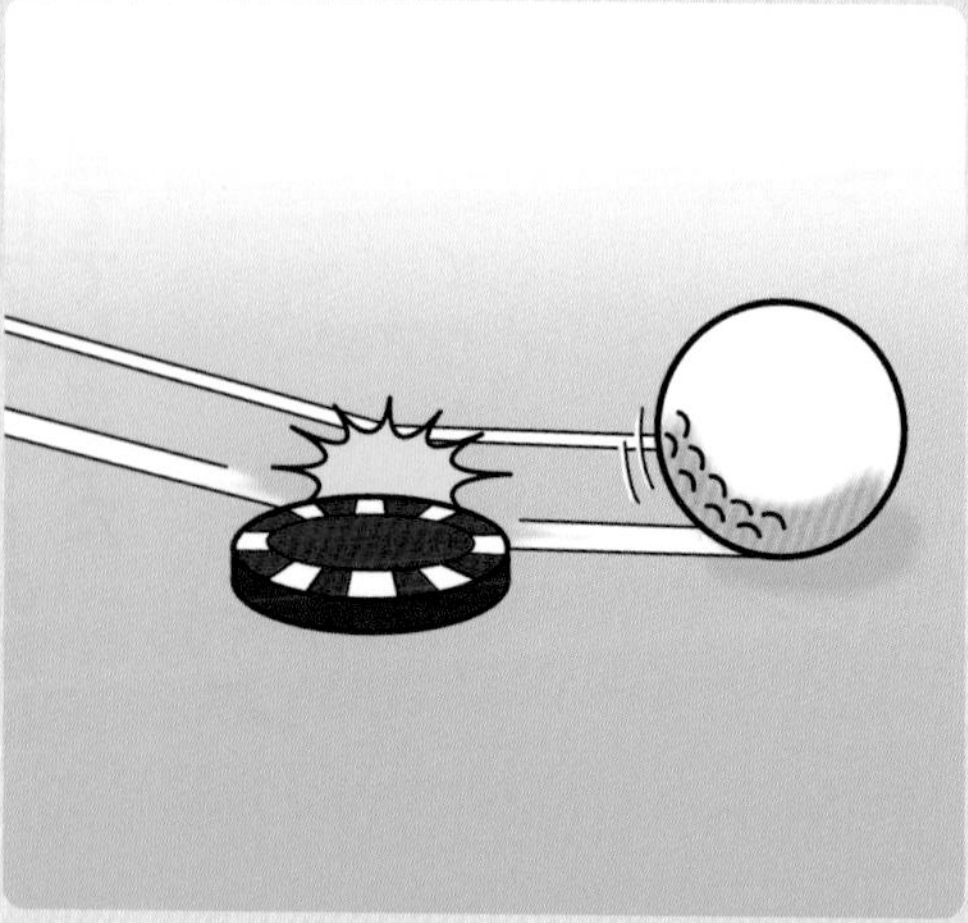

状況 打球がラインの近くにあった大きめのマーカーに当たって、ホールから大きくそれた。やり直せない？

0 罰打

やり直しはできない

処置 カジノチップ型のマーカーなど、同伴プレーヤーが置いた大きなマーカーに当たり、打球がそれることはある。

大きめといっても、マーカーは〝携帯品〟ではない。球が当たって方向を変えられたとしても、やり直すことはできない。球が止まった位置から、プレー続行となる。

こういったことを避けるため、マーカーを事前に移動させることができるのだから、その依頼を同伴プレーヤーにすべきだったのだ。

規則（11.1）

One Point ティーペッグをマーカーに使用し、球が当たって方向が変わっても同様

PART 7

エチケット&マナー

常識とゴルフマナー

ゴルフのエチケットとマナーというと、何やら格調が高いように聞こえてしまうかもしれないが、社会的な常識の通念から外れるものではない。

安全第一だから〝打ち込まない〟

前の組のプレーが遅いからと打ち込んだり、乗用カートでアクセルを踏みまくるなどは、他のプレーヤーを傷つける危険性が高い。当然、行わないのが常識だ。

ところが、プレーファストを意識していると、ついイライラしてこういった行動に出る人もいる。プレーファストは、安全をないがしろにする理由にはならない。

他のプレーヤーの〝時間〟を奪わない

楽しい時間を過ごしたくてゴルフ場に集まっている、他のプレーヤーたちの〝時間〟を奪うような行為は慎むべきだ。

スロープレーをしない、球探しで後続組をパスさせる、グリーンを速やかに離れる。こういった一連の行為はやり方よりも、他者に対する心配りから自然と行動できるようにしてほしい。

他のプレーヤーの邪魔はしない

自分がプレー中にされて嫌な気分になることは、他のプレーヤーにもしない。スイング中に雑談する、視界に入る、後方に立つなどは、気づいた時点でやめてほしい。

前の組が遅いと感じても、打球を打ち込むことは絶対ダメ。当たれば命にかかわる危険性があることを認識してほしい。遅いことを伝えたければ、次のティーなどで追いついてからでいい

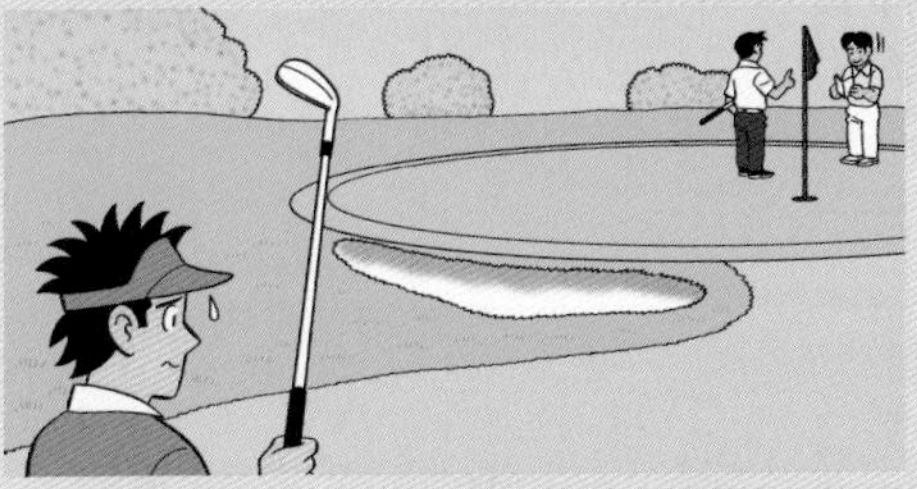

スコアを告げるのはグリーン上でも、スコアカードに記入するのはグリーンを下りてから。後続組が遠くに見えたとしても、プレーを終えたらグリーンは速やかに空けるのがマナーだ

ホールの移動中は同伴プレーヤーたちと会話がはずむもの。ただし、次のティーでは前の組がティーショットしているかもしれない。周囲や前後の組のプレーヤーにも気を配ることを心がけよう

コースの保護

コースの保護を心がけることは、後続のプレーヤーへの心配りであり、回りまわってプレー代の軽減にもつながる。

ディボット跡の目土はならす

フェアウェイでもラフでも、ショットでディボット(芝草)を削り取ったら、削ったディボット跡に戻す。ディボットがバラバラになってしまったら、代わりに目土を埋める。すると、周りの芝草の根が入り込み、新しい芝草が生えて復活するのだ。

気をつけてほしいのは、目土の仕方。同じ場所に来た球が沈まないようにと、多めに土を盛り上げる人がいるが、それはダメ。盛り上げてもいいが、その後で足で踏んでならすようにしてほしい。

踏んで締まることで、球も沈みにくくなるし、周りの芝も根が伸びやすくなる。

バンカーならしは溝を残さない

バンカーならしも、後続のプレーヤーへの心配りから考えればわかりやすい。

アゴの低い所から出入りするのは、必要以上に砂面を荒らさないためだが、プレーヤー自身の安全にもつながる。

バンカーレーキのおかげで簡単に素早くならせるようになっているが、雑に行うとレーキの歯が余計な溝を残してしまう。最後に手前にかき集めた砂を、サッと押し出すときれいにならせる。

目土を埋める

ショットでできたディボット跡は、ディボットを戻したり、目土を入れて埋める。後続のプレーヤーのためにも、打球がその上に乗っても打ちにくくならないように、しっかり踏みならそう

レーキでならす

バンカー内の足跡やショットの跡をバンカーレーキでならす場合、後ずさりしながらバンカー外に出る。レーキの歯でできた溝は、レーキで集めた砂をサッと押し出して散らすとならせる

グリーンの保護

同じコース内でも、デリケートな作りのパッティンググリーンは、特に注意して保護する感覚を持ってほしい。

スパイクは引きずらない

最近はソフトスパイクが主流となってきたが、それでも足を引きずるように歩くと、表面の芝を傷めてしまう。

自分でそのつもりはなくても、ラウンド後半で疲れてくると、ついやってしまいがちなので、気をつけてほしい。

またスパイク以上に危険なのが、抜いた旗竿の先端。どちらの傷も2019年から修復できるようにはなったが、要注意だ。

ホールから1グリップには踏み込まない

ホール周辺は、球の転がりに影響大。球をホールから拾う際にも、1グリップの内側には踏み込まないよう注意したい。

ボールマークは多めに直す

ボールマークは、自分がつけたものと自分のライン上にあるものを直せば十分といえるが、やはり後続プレーヤーへの心配りと、グリーン保護の気持ちがあれば、なるべく目についたものは修復してほしい。

面白いもので、ショットの技術と同様に、ボールマークの修復も数をこなすほどに向上し、スピーディーになる。さらに多く直せる余裕もできるのだ。

ボールマークの直し方

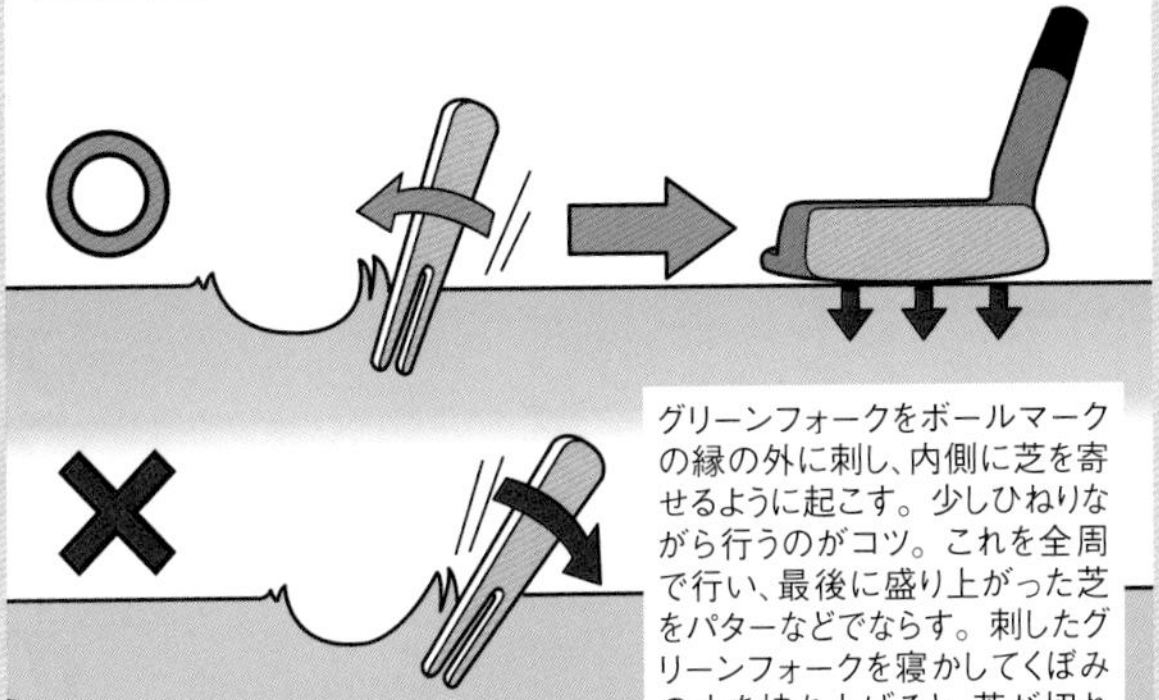

グリーンフォークをボールマークの縁の外に刺し、内側に芝を寄せるように起こす。少しひねりながら行うのがコツ。これを全周で行い、最後に盛り上がった芝をパターなどでならす。刺したグリーンフォークを寝かしてくぼみの中を持ち上げると、芝が切れて枯れてしまうのでNG

ソフトスパイクでも踏み込むと、グリーン面に微妙な凸凹ができる。ホールの縁から1グリップ（30センチ程度）はパットに影響が大きいので、なるべく踏み込まないようにしてほしい。特に、ホールから球を拾うときが肝心だ

プレーファストのヒント

ラウンドの時間がかかりすぎるのは、他のプレーヤーの時間を奪うマナー違反。といっても、バタバタと慌ただしくプレーしたのでは、本人も同伴プレーヤーも楽しくないだろう。

ちょっとした心配りで、プレーはスムーズになるもの。スマートにプレーファストを実現してほしい。

クラブを持ってカートに乗る

ティーショットの後でもたつくのは、クラブをキャディーバッグに戻しているから。まずはカートに乗り込み、セカンド地点で次打のクラブと入れ替えればいい。

クラブは3本持って移動

カートから次打地点に行く前に、必要となりそうな3本のクラブを選んで持っていく習慣をつけよう。そうすればクラブを替えるのに、カートまで往復する時間が不要になる。クラブ選びが的確になると、腕前も向上するだろう。

他人のプレー中に準備を整える

同伴プレーヤーの邪魔にならないようにしつつ、自分の球に近づき、距離の確認などプレーの準備を早めに整える。同伴プレーヤーを無視せず急かさず、バランスよくプレーを進行できるスキルを身につけてほしい。

最近は乗用カート使用のコースが増えているが、ティーショット直後にクラブをしまうのは時間のロスにつながる。特に最後のプレーヤーはクラブを持ったまま乗り、速やかに移動しよう

3本持って移動する場合、前後の番手が基本だが、林やトラブルでは奇数番手といった、番手の間隔を広げてチョイスする手もある。こういった工夫が、状況判断のスピードアップにもなる

同伴プレーヤーのプレーを妨げない範囲で、次打の準備を進める習慣をつけよう。同伴プレーヤーを待たせず、すぐに次のプレーを行える状態でいることが、プレーファストの基本だ

コンペの心得① スタート前

プライベートなコンペであっても、公式競技に通用する心得があれば問題ない。まずは、スタート前から他の参加者に迷惑をかけないよう、準備しよう。

スタート時刻の厳守

スタート時刻にプレーを開始できるよう、スタートホールのティーに着かなければならない。少なくとも5分前には集合し、同伴プレーヤーと挨拶を交わし、クラブ本数や使用球の確認、キャディーからのコース説明などを聞くようにしてほしい。

そのためには、コースに1時間前には到着するように移動するのが望ましい。交通渋滞による遅刻を回避し、スタート前の練習やウォーミングアップにも余裕をもって臨めるだろう。スタートホールをアウトとインで間違える、といったうっかりミスもなくなるはずだ。

競技規定の確認

コンペの競技形式や、ニヤピン賞、ドラコン賞のかかったホールを確認するとともに、6インチプレースの有無や1グリップOKの有無といった、特別な競技ルールも確認しておくこと。コンペを楽しむための基本だ。

同時に、コースのローカルルールも把握しておくこと。スコアカードや掲示板に記載されているので、確認してほしい。

正式な競技では、決められたスタート時刻より遅くスタートしても、早くスタートしてもペナルティーに。少なくとも5分前にはスタートティーに到着し、余裕を持って臨もう

コースに到着したら、まず掲示板を確認。ローカルルールだけでなく、当日の競技規定や変更事項などもチェックできる。また、ローカルルールはスコアカードにも記載されていることが多いので、こちらも確認してほしい

コンペの心得② 特別ルールへの対応

コンペでは、6インチプレースや1グリップOKといった、特別ルールが適用されることも多い。トラブルにならないよう、その運用法の基本は知っておきたい。

「6インチプレース」とは

スルーザグリーンの悪いライから、無罰でホールに近づかない6インチ以内の場所にプレースできる、というもの。年末のコンペなど、冬場のライが悪くなりがちな時期に適用されることが多い。

6インチが基準となったのは、スコアカードの幅が6インチで、簡単に測れたから。ただし、現在ではスコアカードのサイズはコースによってまちまちなので、よく確認してほしい。

また、6インチの移動を続けて繰り返すのはNG。あくまでも1打につき1度だけ。元々〝あるがまま〟の原則から外れる特別な救済なので、多用は避けよう。

「1グリップOK」とは

プレーの進行を早める目的で、ホールの縁からパターのグリップの長さ1つ分以内のエリアに球が止まったら、1打加算してホールアウトとするもの。マッチプレーでのOK(コンシード)のようなものをストロークプレーに取り入れた形だ。

1グリップはもちろん、ノーマルサイズが基準。30センチぐらいが目安だ。

6インチプレース

スルーザグリーンで、ライが悪い場合に無罰で6インチ以内に球を移動してプレースできるルール。利用するのはプレーヤーの判断次第だが、多用するとゴルファーとしての品格が問われるので、ほどほどに

1グリップOK

ホールからグリップの長さ1つ分以内のエリアに球が止まったら、1打加算でホールアウトとして、球を拾い上げるルール。同伴プレーヤーの「OK」が出た時点で、その球を打って外しても、打数にはカウントしなくていい

コンペの心得③ トラブルには〝第2の球〟

ラウンド中、どうしても処置の判断がはっきりしないトラブルに出くわす場合がある。そんな時は〝第2の球〟が役に立つ。

〝第2の球〟とは

プレーヤーが自分の権利を守るため、正しい救済処置が取れるか自信がない場合、無罰で2つの球をプレーして、そのホールを終えることができる。

これは特別ルールではなく、正規の「ゴルフ規則」規則20・1cに記載されているので、確認してほしい。

まずマーカー（同伴プレーヤーでもよい）に状況を伝え、2つの球で2通りのプレーをしたいことを告げ、規則上許されるならどちらの球のスコアを生かしたいかも告げておく必要がある。

プレー終了後に委員会に報告

プレーを終え、スコアカードの提出前に2つの球をプレーしたことを委員会（コンペなら競技委員に当たる人）に報告。委員会の裁定を経て、認められた球のスコアを採用することになる。

正しいスコアが決定したら、スコアカードに記入し、提出する。

もし、2つの球のスコアが同じだったとしても、委員会に報告しなければいけない。これを怠り、そのままスコアカードを提出すると、競技失格になる。

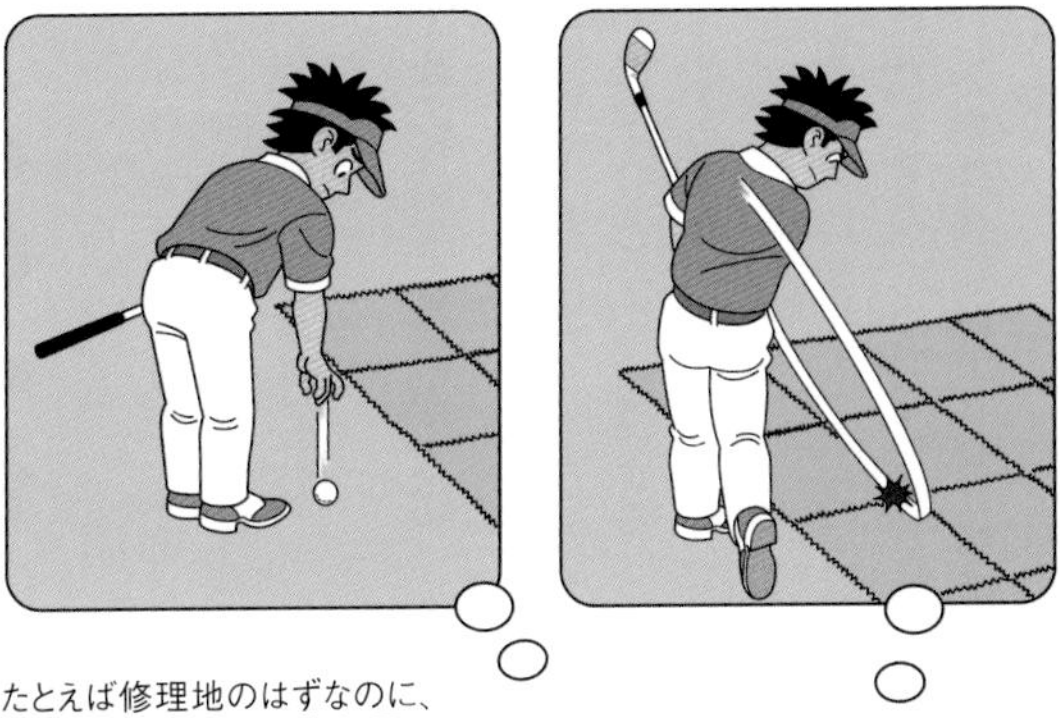

たとえば修理地のはずなのに、青杭も白線もなければ、処置に迷うはず。こんなときこそ“第2の球”を使い、そのまま打つパターンと、救済処置を受けたパターンの2通りでプレーを行う

コンペの心得④　スコアカードの提出

コンペで注意すべき最後の締めくくりは、スコアカードの提出。スコア誤記などがないよう、しっかり確認してほしい。

各ホールのスコア確認が大切

コンペや正式な競技では、プレーヤー同士がお互いにマーカーになり、自分ではなく同伴プレーヤーのスコアを記録する。

ホールアウト後、マーカーはスコアカードに署名(アテスト)してから同伴プレーヤーに渡す。受け取ったプレーヤーは、自分のスコアが間違いなく記入されていることを確認して署名し、委員会に提出しなければいけない。

この時点で、スコアの合計が間違っていても、プレーヤーもマーカーも無罰。委員会が集計時に訂正すればいい。

だが、あるホールで打数を少なく書き込んだ場合、過少申告となり競技失格となる。逆に、多く記入した場合は失格ではなく、そのスコアが採用される。

署名欄は間違えても問題なし

マーカーがうっかりプレーヤーの署名すべき欄に署名してしまい、プレーヤーがマーカーの欄に署名しても罰はなく、そのスコアカードは有効となる。

また、汗や雨などでスコアカードが使えなくなった場合は、委員会に再発行してもらい、記入し直して提出すれば問題ない。

スコアの“合計”を間違えても、プレーヤーもマーカーもお咎めはなし。委員会で訂正すればOK。少なく記入しても、過少申告にもならない。スコアはあくまでホールごとの打数で決まる

ホールごとのスコアを入れ間違えると、打数が多かったほうのホールが過少申告となり、競技失格は免れない。アテストでは合計スコアだけでなく、ホールごとのスコアをきちんと確認しよう

スコアカードにはプレーヤー自身の署名欄が2つあるため、ついアテスト後の署名を忘れがち。だが、これを書き忘れると、競技失格になってしまう。マーカーの署名とともに要チェックだ

知っておくべきルール用語

ゴルフのルールを理解することは、用語の意味を知ることと同じといっても過言ではない。ここでは「ゴルフ規則」で使われる重要な用語について解説する。

アウトオブバウンズ

英語の頭文字から通称「ＯＢ」。コースの境界の縁の外側のすべての区域。境界は白杭や白線で示される。この区域内の球はプレーできず、前打地点から1罰打でプレーしなければならない。

アドバイス

プレー上の決断、クラブの選択、打ち方に影響を与える発言や行為のこと。プレーヤー間では禁止されている。キャディーや同じサイドのパートナーが行うのは問題ない。公開されている情報、たとえばバンカーの位置、ホールの方向、２点間の距離、規則などはこれに含まれない。

アンカリング

ストロークを行う間に直接的、あるいは手や腕を胸に押しつけるなど間接的に、クラブを体に〝アンカー（固定）〟すること。

規則10・１ｂで明確に禁止されているが、間接的なアンカリングの判断はなかなか難しい。そのガイドラインを２５９ページに示

アンカリング

中尺パターは「ベリーパター」と呼ばれるように、腹にグリップエンドを“アンカー”する打ち方が主流だったが、これも禁止。グリップ部分が腹につかなければ大丈夫だ

長尺パターで顕著なのが、左グリップ部分の“アンカリング”。グリップエンドや、グリップを握る左手、または左前腕部(上図の赤い部分)を身体に押しつけるのは、すべてNG。逆に言えば、この部分が身体から離れていれば“アンカリング”とはならない

コロガシのアプローチなどで、左手やグリップエンドを太ももにくっつけて打つのも“アンカリング”となる。パッティングだけではないのだ

両手がくっついているグリップなら、片方の手が“アンカー”にはならないので、前腕部分が身体についても“アンカリング”とはならない。また、両手をセパレートしたグリップなら、前腕部分が身体につかなければ“アンカリング”とはみなされない

したので、参考にしてほしい。

アンプレヤブル

ペナルティーエリア以外で、1罰打で受けることができる救済方法。以下の処置から選べる。①前打地点にドロップ（ティーイングエリアならティーアップも可）。②ホールと球を結んだ後方線上にドロップ。③球から2クラブレングス以内で、ホールに近づかないエリアにドロップ。

バンカーのみ、2罰打でバンカーの外（ホールと球を結んだ後方線上）にドロップすることも選べる。

委員会

競技またはコースを管理する人やグループ。

異常なコース状態

動物の穴、修理地、動かせない障害物、一時的な水。

一時的な水

ペナルティーエリア以外の区域で、雨や散水などによる水たまりのこと。ぬかるみや、プレーヤーが地面に立ったときだけ瞬間的に水が見えるものは、この条件を満たさない。雪と自然の氷は、プレーヤーの選択でルースインペディメントか一時的な水として扱える。露と霜は一時的な水ではない。

一般の罰

ストロークプレーでは2罰打。マッチプレーではホールの負けとなる。

インプレー

プレーヤーがティーショットを行ったとき、球はインプレー（ゲームで使用中）となり、ホールに入るまで続く。ただし、その球がコースから拾い上げられたとき、OBに止まったとき、紛失したとき、別の球に取り替えられたときはインプレーではなくなる。

マークしても、球がピックアップ前ならインプレーのまま。リプレース後は、ボールマーカーがそのままでもインプレーとなる。

動いた球

球が元の箇所を離れて別の箇所に止まり、それが（カメラなどの機器を介さず）肉眼で判別できる場合をいう。

球が揺れている（または振動している）だけで、元の箇所に留まっている、または戻っている場合は、動いたことにはならない。

動かせない障害物

不合理な努力がなければ、またはそれ自体やコースを壊さない限り動かせない人工の障害物。動かせる障害物の定義に合致しないものすべて。カート道路や立木の支柱など。

動かせる障害物

合理的な努力で、それ自体やコースを損傷せずに動かせる人工の障害物。動かせない障害物やコースと不可分な物の一部（門、取り付けられたケーブルなど）も、この基準に合致すれば動かせる障害物として扱われる。

オナー

ティーイングエリアから最初にプレーする

プレーヤーの権利。

改善

プレーヤーが潜在的な利益を得るために、そのストローク、またはプレーに影響を及ぼす物理的な状態を変えること。

外的影響

プレーヤーの球、用具、コースに起きることに影響を及ぼす可能性のある人、動物、物。ただし、自然の力（雨、風など）とプレーヤー自身、そのパートナーと相手、それらのキャディーたちは含まれない。

完全な救済のニヤレストポイント

ルールに基づいて罰なしの救済を受けるときの基点。球の元の箇所に最も近いが、その箇所よりホールに近づかず、要求されるコースエリア内であること。その障害が元の箇所になかったら行っていたであろうストロークに対して、その障害がなくなる所に決める。

キャディー

クラブを運び、アドバイスを与え、規則に従ってラウンド中のプレーヤーを助ける人。

救済エリア

救済を受けるときにドロップしなければならないエリア。

境界物

ＯＢを定める人工物（杭、フェンスなど）。動かせないものとして扱われるが、障害物でもコースと不可分な物でもないため、罰なしの救済は認められない。境界フェンスの基礎や柱は含まれるが、支柱などは含まれない。

クラブレングス

ラウンド中にプレーヤーが持っている、パター以外で最も長いクラブの長さ。

コースエリア

委員会が設定した境界の縁の内側がコース。これを構成する5つのエリアがある。①ジェネラルエリア、②そのホールをスタートするときに使うティーイングエリア、③すべてのペナルティーエリア、④すべてのバンカー、⑤そのホールのプレーで使うパッティンググリーンのこと。

誤球

プレーヤーのインプレーの球、暫定球、規則に基づいてプレーした〝第2の球〟以外のすべての球。たとえば別のプレーヤーのインプレーの球、紛失球になった球など。

誤所

プレーヤーが自分の球をプレーすることを規則が求めている、または認めている場所以外のすべての場所。

最大限の救済を受けることができるポイント

バンカーやパッティンググリーンで罰なしの救済を受けるときに、完全な救済のニヤレストポイントがない場合の、救済の基点。

暫定球

直前の打球がOBであったり、ペナルティーエリア以外の場所で紛失の可能性がある場合にプレーされる別の球。事前の同伴プレーヤーへの周知、宣言が必要。

ジェネラルエリア

コース全体を構成する、他のエリア以外のすべて。ティーイングエリア以外のすべてのティーイング場所、すべての目的外グリーンも含まれる。

自然の力

明らかな理由がなく何かが起きる場合に働いたと考えるもの。風、水などの自然の影響、または重力の影響など。

地面にくい込む

直前の打球結果でできた、その球自体のピッチマークの中にあり、球の一部が地表面より下にある場合。必ずしも土に触れている必要はなく、間に草やルースインペディメントが挟まる場合もある。

重大な違反

ストロークプレーで、誤所からのプレーが正しい場所から行われるストロークと比較して、プレーヤーに著しい利益を与える可能性がある場合。

修理地

委員会が修理地と定めるコースのすべての部分。委員会が定めていなくても、以下のものは含まれる。①コースセットアップ、コース管理で委員会、または管理スタッフが作った穴。ただし、エアレーションホールは除く。②後で移すために積まれた刈草、葉など。移すことを意図せずにコース上に残されている物は、修理地ではない。③プレーヤーのストロークやスタンスにより損傷する可能性のある動物の住処（鳥の巣など）。ただし、ルースインペディメントとして定義されている動物（ミミズや昆虫など）の住処は除く。

スコアカード

ストロークプレーで、各ホールのプレーヤーのスコアを記入するカード。

スタンス

ストロークの準備や、ストロークを行うときのプレーヤーの足と体の位置。

ストローク

球を打つために行われるプレーヤーのクラブの前方への動き。

ストロークと距離

プレーヤーが救済を受けて、前打地点に戻った所からプレーする場合の処置と罰。

ストロークに影響を及ぼす状態

球のライ、プレーヤーが意図するスタンス区域とスイング区域、プレーの線、プレーヤーが使用する救済エリア。

ストロークプレー

通常18ホールからなる1ラウンドの総打数で勝敗を競うゲーム形式。アンダーハンディキャップ競技では、グロス（実打数）からハンディキャップの数を引いたネットのスコアで勝敗を決める。

ティー

ティーイングエリアからプレーするときに、球を地面から上げるときに使用する物。4インチ（101・6ミリ）以下の長さで、用具規則に適合していなければならない。

ティーイングエリア

ホールのプレーをスタートするエリア。委員会が設置した2つのティーマーカーの最も前方を結んだ線と、そのティーマーカーの外側から後方に2クラブレングスの奥行からなる長方形の区域。

動物の穴

人間以外の動物が掘った穴。ただし、ルースインペディメントとしても定義される動物（ミミズ、昆虫など）が掘った穴は除く。動物が穴から掘り出して分離している物（土など）、その穴に通じる獣道や痕跡、そして穴掘りの結果として盛り上がった、または変化した地面のすべての区域を含む。

取り替え

プレーヤーが別の球をインプレーにして、プレー使用中の球と替えること。

ドロップ

インプレーにする意図を持って、球を空中を落下するように、救済エリアに離すこと。

パートナー

マッチプレーかストロークプレーのいずれかで、サイド（1つのユニット）としてプレーヤーと共に競うもう1人のプレーヤー。同伴競技者ではない。

旗竿

ホールの場所をプレーヤーに示すために委員会が準備してホールの中に立てた、動かせるポール。

パッティンググリーン

プレーヤーがプレーしているホールのパッティングのために特別に作られたエリア。または委員会がパッティンググリーンとして定めた（臨時の）エリア。

バンカー

バンカーとするために作られた砂のエリア。次の部分はバンカーの一部ではない。①その作られたエリアの縁で土、草、積み芝、または人工物で構成するへり、壁、面。②その縁の内側に生長している、または付着しているすべての自然物。③その縁の外側にある砂。④バンカーではないが、砂のある区域。

不可分な物

委員会がコースをプレーする上で挑戦の一部として定めた、罰なしの救済が認められない人工物。障害物でも境界物でもない。

プレーの線

プレーヤーが打球にとらせたい線。直線とは限らない。その線には地面の上方と、その線の両側に合理的な距離を持つその線上の範囲を含む。

プレー禁止区域

委員会がプレーを禁止した、コースの一部。異常なコース状態か、ペナルティーエリアのいずれかの部分として定められる。

紛失

プレーヤーか、そのキャディーが球を探し始めてから3分以内に見つからない球の状態。

ペナルティーエリア

球がそこに止まった場合、1罰打で救済が認められるエリア。次の2つのタイプがある。

①イエローペナルティーエリア（黄線または黄杭でマーク）。2つの救済の選択肢がある。

②レッドペナルティーエリア（赤線または赤杭でマーク）。イエローと同じ2つの救済と、ラテラル救済を加えた3つの選択肢がある。

ホールに入る

打球がホールの中に止まり、球全体がパッティンググリーン面より下にあるとき。また、規則が「ホールアウトする」、「ホールアウト」と言及する場合もホールに入ったときを意味する。

球がホールの中で旗竿に寄りかかって止まっている特別なケースでは、球の一部がパッティンググリーン面より下にあれば、ホールに入ったことになる。

ボールマーカー

プレーヤーが拾い上げる球の箇所をマークするために使用する人工物（ティー、毛糸も可）。小石や木の葉は不可。

マーカー

プレーヤーのスコアを、そのプレーヤーのスコアカードに記入することと、そのスコアカードを証明することについて責任を負う人。パートナーはなることができない。

マーク

ボールマーカーまたはクラブを、球の直後またはすぐ近くに置くことによって、止まっている球の箇所を示すこと。

目的外グリーン

プレーしているホールのパッティンググリーン以外のコース上のすべてのグリーン。ジェネラルエリアの一部。

ライ

プレーヤーの球が止まっている箇所と、球に触れているか、球のすぐ近くにある生長または付着している自然物、動かせない障害物、不可分の物、境界物。ルースインペディメントと動かせる障害物は含まない。

ラテラル救済

旧規則の「ラテラル・ウォーターハザード」に関する救済処置だったことから命名。1罰打で、基点からホールに近づかない2クラブレングスの救済エリアにドロップする方法。

レッドペナルティーエリアからの救済とアンプレヤブルの救済でのみ選択できる。

リプレース

拾い上げた球を元の箇所に、インプレーにする意図を持って、球を接地させて手放すことによって置くこと。規則に従って別の箇所に置くことは「プレース」という。

ルースインペディメント

分離した自然物。石や枯れ枝、動物の糞など。また、ミミズ、昆虫や簡単に取り除ける類似の動物、そしてそれらが作った盛り土（蟻塚など）やクモの巣も含む。エアレーションのプラグ（圧縮された土の塊）も含む。

次の物はルースインペディメントとしては扱わない。①砂、バラバラの土。②露、霜、水。③地面に固くくい込んでいて、簡単に拾い上げることができない物。④球に貼り付いている物（草など）。

分かっている、または事実上確実

プレーヤーの球に起きたことを決定するための基準。単に可能性がある、または起こりそうであること以上のことで、次のいずれかを意味する。①問題になっている出来事がプレーヤーの球に起きたという決定的な証拠（目撃者がいるなど）がある。②疑念がほんのわずかにあるものの、合理的に入手可能なすべての情報（プレーヤーが分かっている情報と、プレーヤーが合理的な努力で、かつプレーを不当に遅らせることなく得られる情報）が、問題になっている出来事の起きた可能性が95％以上あることを示している。

マッチプレーの用語

1ホールごとにプレーヤーと相手が勝敗を決めるマッチプレーは、ゴルフ競技の原点。アマチュアの競技にも採用されるので、基本的な用語は覚えておこう。

アップ／ダウン

ホールごとに勝ち負けを決めるマッチプレーでは、1ホール分勝っていることを「1アップ」という。逆にリードされている側は「1ダウン」という。18ホールを終えた時点で1ホール勝っていたら記録は1アップとなる。

ちなみに、「3エンド2で勝利」とは、2ホール残して3アップした状態で勝負が決したということ。

オールスクエア

どちらもアップしていない、引き分けの状態。「イーブン」ともいう。

ギブアップ

そのホールの負けを認めること。たとえば、グリーンに乗るまでに大きな打数差がついたときなど、ギブアップしてそのホールのプレーを終える。プレーヤーはいつでもギブアップを宣言することができる。

コンシード

相手が次の1打を打たなくても、1打を加算してホールアウトを認めるという意思表示。つまり「OK」のこと。

ストロークプレーでは、規則上「OK」で球を拾い上げることは認められないので注意が必要。

ドーミー

アップしている数と残りのホール数が同じになった状態。ドーミーで臨むホールを「ドーミーホール」という。勝っている側は、そのホールで勝つか引き分ければ勝利が決まる。

■監修者紹介

飯田雅樹（いいだ・まさき）

1967年神奈川県生まれ。1996年日本プロゴルフ協会入会。1999年日本ゴルフツアー協力競技委員となる。2008年日本プロゴルフ協会専門競技委員となる。日本プロゴルフ選手権など多くのゴルフトーナメントで競技委員長を務める。新聞、雑誌等でルール解説記事の執筆・監修も多数。R&A規則教育プログラムのレベル3を保持している。

企画・編集協力／㈱風讃社、戸川 景
イラスト／みやはらまこと
装丁／スーパーシステム
本文デザイン／阪本英樹 ㈲エルグ
企画・編集／成美堂出版編集部

わかりやすいゴルフのルール 特装版

2023年5月1日発行

監　修　飯《いい》田《だ》雅《まさ》樹《き》

発行者　深見公子

発行所　成美堂出版
〒162-8445 東京都新宿区新小川町1-7
電話(03)5206-8151 FAX(03)5206-8159

印　刷　広研印刷株式会社

ISBN978-4-415-33256-7
落丁・乱丁などの不良本はお取り替えします
定価はカバーに表示してあります